"Perdonar a otro es muy difícil. Distinguir entre 'perdonar' y 'sentir que hemos perdonado' es fundamental para la paz interior de una persona. Reconciliarse con otra persona es algo complejo y no siempre es posible. Este pequeño libro del padre Eamon Tobin, nos dice por qué debemos perdonar y cómo debemos enfrentar este reto en nuestra vida".

P. JOSÉ CHAMPLIN, SACERDOTE Y ESCRITOR.

"La mayoría de los libros sobre el perdón nos hablan acerca de la necesidad de perdonar. Este libro ofrece también numerosos consejos prácticos sobre cómo hacer que el perdón sea una realidad".

PADRE LINN MATT, SJ

Cómo perdonar a los demás y a nosotros mismos

Padre Eamon Tobin

Liguori
LIGUORI, MISSOURI

Imprimi Potest:
Harry Grile, CSsR
Provincial de la Provincia de Denver
Los Redentoristas

Publicado por Libros Liguori
Liguori, MO 63057-9999
Para hacer pedidos llame al 800-325-9521.
www.librosliguori.org

Imprimátur: "Conforme al C. 827, Su Excelencia Edward M. Rice, obispo auxiliar de la Arquidiócesis de San Luis Misuri, concedió el Imprimátur para la publicación de este libro el 13 de enero de 2012. El Imprimátur es un permiso para la publicación que indica que la obra no contiene contradicciones con las enseñanzas de la Iglesia Católica, sin embargo no implica aprobación de las opiniones que se expresan en la obra. Con este permiso no se asume ninguna responsabilidad."

Library of Congress Cataloging-in-Publication Data
Tobin, Eamon.
  [How to forgive yourself and others. Spanish]
  Cómo perdonar a los demás y a nosotros mismos / Eamon Tobin.—1. ed.
    p. cm.
  In Spanish; translated from English.
  ISBN 978-0-7648-2072-4
  1. Forgiveness—Religious aspects—Christianity. I. Title.
  BV4647.F55T6318 2011
  241'.4—dc23   2011050206

Las citas bíblicas son de La Biblia Latinoamericana: Edición Pastoral (Madrid: San Pablo, 2005). Usada con permiso.

Las citas tomadas de The Art of Forgiving (El arte de perdonar) © 2006, Ballantine Books, escrito por Lewis B. Smedes fuero incluidas con el permiso de Random House, Inc., Nueva York, NY 10019.

La cita que se encuentra en las páginas 8-10 fue incluida con permiso de The Healing Power of Forgiveness (El poder curativo del perdón) escrito por Jean Maalouf. Copyright © 2005; todos los derechos reservados. Twenty-Third Publications, New London, CT 06320.

Libros Liguori, una corporación sin fines de lucro, es un apostolado de los Padres y Hermanos Redentoristas. Para más información, visite Redemptorists. com.

Impreso en Estados Unidos de América
15 14 13 12 11 / 5 4 3 2 1
Primera edición

Contenido

Prefacio   7

Introducción   11

CAPÍTULO UNO   15
La definición del perdón: qué es y qué no es

CAPÍTULO DOS   20
Tres buenas razones para perdonar

CAPÍTULO TRES   27
Trece verdades que conviene tener presentes
mientras estamos en el proceso de perdonar

CAPÍTULO CUATRO   38
Diez obstáculos para perdonar las ofensas

CAPÍTULO CINCO   43
¿De qué manera puede ayudarnos la oración a
perdonar las ofensas?

CAPÍTULO SEIS   53
Llegar a la reconciliación pasando por el perdón

CAPÍTULO SIETE   61
Perdonar a una persona ya fallecida

CAPÍTULO OCHO   67
Perdonar a Dios

CAPÍTULO NUEVE   74
Perdonar a instituciones religiosas y civiles

CAPÍTULO DIEZ   79
Perdonarse a sí mismo

Observaciones finales   95

Prefacio

En el Evangelio, nada es más claro que el mandato de Jesús de perdonar las ofensas y las injusticias. Sin embargo, seguir este mandato es, sin duda, uno de los más grandes retos en la vida. Muchos, si no es que la mayoría, creen firmemente que es imposible, o por lo menos estúpido, perdonar a alguien que nos ha ofendido profundamente o que ha cometido contra nosotros una grave injusticia. ¿Por qué habríamos de perdonar a ese tipo de personas? Incluso, si tuviéramos el deseo de perdonar e ir más allá de las ofensas e injusticias, la mayoría de nosotros no recibió ninguna orientación en este campo durante su adolescencia y juventud. En mi juventud conocí un modelo de perdón y reconciliación que dejaba mucho que desear. Cuando se causaba daño de palabra o de obra, rara vez alguien mencionaba el dolor experimentado o expresaba pesar por ello. Casi nunca escuché las palabras: "Lo siento. Por favor perdóname" o "Te perdono". Cada vez que se presentaba una ofensa, ya fuera de palabra o de obra, lo ordinario era que las partes involucradas tuvieran un desacuerdo, seguido por un periodo de silencio de algunas horas, días o semanas. A partir de ese momento, cada una de las partes esperaba silenciosamente a que la otra diera el primer paso. Finalmente, ya sea por la gracia de Dios o por la aprehensión del silencio y el distanciamiento, una de las partes reiniciaba el diálogo. En un conflicto entre marido y mujer, generalmente era la mujer quien daba el primer paso. Sin embargo, la reconciliación se producía casi siempre sin hablar sobre el daño causado por el alejamiento y rara vez alguien decía: "Lo siento, por favor, perdóname". Supongo que esa forma de proceder era correcta, siempre y cuando la relación se restableciera. Sin embargo, aún hoy me pregunto qué pasó con todo ese dolor del que rara vez o nunca se habló.

Este pequeño libro nació de dos experiencias personales relacionadas con el perdón y la reconciliación. Aunque ninguna de ellas me causó grandes heridas, experimenté una profunda ira, pensamientos llenos de odio y sentimientos negativos hacia las dos personas con quienes me enemisté. No tuve absolutamente ningún deseo de hablar con ellas, menos aún de pensar en la posibilidad de perdonarlos. Todo lo que quería era castigarlos de alguna manera.

Varias semanas más tarde, acabé reconciliándome con ambas personas. ¿Cómo sucedió esto? ¿Cómo pude pasar de una actitud de ira, odio y deseo de venganza a una de perdón y reconciliación? Estas páginas responderán a esa importante pregunta. Una vez que la herida se curó, pasé algún tiempo reflexionando sobre cómo llegué, con la gracia de Dios, a perdonar y reconciliarme. Después, comencé a hablar en mis homilías sobre las etapas que tuve que atravesar. La gente respondió muy positivamente y comenzó a pedirme copia de las homilías.

Entonces me di cuenta de que muchas de las personas que acudían a la confesión y me buscaban en la oficina de la parroquia, frecuentemente tenían problemas sobre la necesidad de perdonar a otros y no eran capaces de hacerlo. Como resultado, quedaban atrapadas espiritualmente. No es fácil mantener una relación sencilla y abierta con Dios mientras estamos aferrados, deliberada e intencionalmente, a un gran rencor, sin la más mínima intención de perdonar. Es una situación en la que no nos conviene estar ni espiritual ni emocionalmente. La buena noticia es que no tiene por qué ser así, si estamos dispuestos a cooperar con la gracia de Dios y seguir los consejos prácticos que se presentan en estas páginas.

Este libro fue escrito en 1983. Fue revisado y ampliado en 1993. Recientemente he sentido la necesidad de revisar y aumentar de nuevo la edición de 1993. Me he dado cuenta de que el perdón es un tema muy complejo. Mucha gente no comprende correctamente qué es y qué no es el perdón. Muchas personas no son capaces de llamar por su nombre a aquello que les impide progresar en este campo. Además, gracias a mi labor pastoral con las personas y dado que a mí mismo me cuesta perdonar las ofensas, he encontrado muchas ideas y nuevas formas de afrontar esta dificultad.

Si usted leyó alguna de las ediciones anteriores de este folleto y la encontró útil, sin duda encontrará aún más útil ésta nueva, revisada y aumentada. Cada sección de la edición anterior ha sido revisada y aumentada. Además, se han añadido nuevas secciones. Si en estos momentos usted está luchando por perdonar una ofensa, estoy seguro de que encontrará la manera de aprovechar las ideas y sugerencias para la oración que aquí se ofrecen.

Agradezco a los editores de Liguori por permitirme revisar y aumentar el texto original por segunda vez. Asimismo, agradezco de forma especial a mi secretaria, María Sittig, por las muchas veces que transcribió el manuscrito mientras yo trabajaba en él. Pido a Dios que usted, estimado lector, encuentre útiles estas líneas.

P. EAMON TOBIN
17 DE MARZO 2006, FESTIVIDAD DE SAN PATRICIO

Introducción

Hace algunos años escuché a una persona dar una charla sobre el perdón. Aquel hombre había perdido todo respeto por su padre. Sin embargo, también sentía que algo faltaba en su vida espiritual, a pesar de asistir regularmente a la iglesia e intentar vivir su vida cristiana. Cierto día, movido por el Espíritu Santo, el hombre tomó el teléfono, llamó a su padre y le dijo: "Papá, tengo que pedirte perdón por todo el resentimiento que he estado albergando contra ti". Su padre no era una persona muy receptiva, sin embargo, eso no afectaba las implicaciones que tal acto tenía para la vida espiritual de quien llamaba. Él había hecho lo que tenía que hacer. De inmediato sintió una nueva cercanía con Dios. Un gozo, no experimentado con anterioridad, llenó su vida. Además, sus oraciones para superar algunas debilidades personales comenzaron a ser atendidas por Dios. Esta sencilla historia es un excelente ejemplo del poder del perdón. Gracias a la voluntad de pedir perdón a su padre y también de perdonarlo por cualquier daño que éste le hubiera causado, aquel hombre fue liberado de la carga del resentimiento. La alegría volvió a aparecer en su vida. Su relación con Dios, ahora renovada, dio los frutos esperados en sus batallas personales.

Cuando tengo conocimiento de las ofensas e injusticias tan dolorosas que han sufrido algunas personas, puedo entender por qué no tienen absolutamente ningún deseo de perdonar y olvidar las heridas y daños recibidos. Incluso comprendo por qué algunos concluyen que sería un error perdonar esas heridas y graves injusticias. Algunos, incluso, encuentran repulsivo el solo hecho de pensar en perdonar cierto tipo de ofensas. Desgraciadamente, la consecuencia de esta postura es que las personas quedan atrapadas en un mar de amargura. Incluso siguen siendo controladas emocionalmente por quienes les infligieron un gran daño o injusticia. Cuando elegimos no perdonar, consciente o inconscientemente, caemos en una trampa y nos privamos de la alegría de vivir. Cuando vivimos con un resentimiento en el corazón, dicho resentimiento se convierte en la lente a través de la cual vemos la realidad y las personas. Las vemos no como son, sino como nuestro resentimiento quiere que las veamos.

También puede suceder que otros, gravemente heridos, sienten que el perdón no está al alcance de su mano. Humanamente hablando, el perdón está fuera del alcance de muchas personas. Por ello, a menudo escuchamos la frase "errar es humano, pero perdonar es divino". Sin embargo, con la gracia de Dios todo es posible, incluso perdonar lo que parece un pecado o crimen imperdonable.

Testimonios de perdón y reconciliación

Una cosa que debería ayudarnos a creer que el perdón siempre es posible, es escuchar historias sobre personas normales que consiguieron perdonar lo que parecía ser un pecado, un crimen o una ofensa imperdonable. A continuación enumero seis edificantes testimonios de personas que perdonaron lo que fácilmente se podría calificar como una injusticia imperdonable:

Durante los disturbios que siguieron al juicio de King Rodney en Los Ángeles, California, un camionero llamado Reggie Denny fue sacado violentamente de su camión y golpeado de manera salvaje. Durante el juicio, Denny sorprendió a la audiencia cuando se ofreció a perdonar a quienes lo llevaron al borde de la muerte. Más tarde, Denny explicó que sólo perdonando a sus agresores, él iba a poder dejar atrás ese hecho tan doloroso y seguir adelante con su vida.

Cuando la Comisión de la Verdad y la Reconciliación fue creada en Sudáfrica, para curar las heridas de décadas de apartheid y violaciones de los derechos humanos, una pareja americana, Peter y Linda Biehl, viajaron a Sudáfrica para encontrarse y abrazar a quienes habían asesinado a su hija de veintiséis años de edad.

Después de pasar 27 años en la cárcel acusado de conspirar contra el gobierno sudafricano -favorable al apartheid-, Nelson Mandela dijo: "Mientras salía por la puerta de mi celda hacia el portón que me llevaría a la libertad, sabía que si no dejaba atrás mi amargura y mi odio, seguiría estando prisionero toda la vida".

En junio de 2005, Ivon Harris y su hija Sarah fueron asesinados por un ladrón mientras entraban a su casa. Nancy Harris, esposa de Ivon y madre de Sarah, perdonó públicamente al asesino, Russell Sedelmaier. En la corte Nancy dijo: "Porque valoro el don de la vida y sé que Dios nos perdona y ama a todos –especialmente a usted Russell– yo lo perdono y apoyo que se le conmute la pena por cadena perpetua".

El padre Jenco, uno de los rehenes de Beirut, perdonó a quienes le habían hecho pasar hambre, le habían denigrado y se habían comportado brutalmente con él. Aseguró que sólo después de perdonar a sus secuestradores, fue capaz de disfrutar la libertad recuperada.

Poco después del trágico tiroteo que tuvo lugar en Columbine High School en Littleton, Colorado, por lo menos dos padres declararon públicamente haber perdonado a los asesinos de sus hijos.

Afortunadamente, la mayor parte de nosotros nunca ha tenido que perdonar ofensas o delitos como los antes mencionados. Más bien, casi siempre afrontamos ofensas de familiares, amigos, vecinos, otros miembros de nuestra parroquia o compañeros de trabajo. Soy consciente de que algunas de esas heridas pueden ser muy dolorosas, pero otras muchas no lo son y, sin embargo, a veces optamos por guardar rencor durante muchos años. Lamentablemente, hay personas que incluso se llevan sus heridas a la tumba.

Capítulo uno

La definición del perdón: qué es y qué no es

Tener una idea clara de lo que es y no es el perdón, puede ser de gran ayuda cuando nos enfrentamos a la difícil tarea de perdonar. Vamos a mencionar algunas de las cosas que no son el perdón.

Qué no es el perdón

* El perdón no implica necesariamente que debamos olvidar un daño o injusticia. A menudo escuchamos el consejo: "Perdona y olvida". A veces no es posible olvidar ciertas heridas; puede suceder que ni siquiera sea prudente hacerlo. Algunas heridas e injusticias son demasiado grandes y dolorosas como para eliminarlas totalmente de nuestra memoria. Lo que podemos y debemos intentar es dejar de lado los resentimientos relacionados con ese dolor. Si no lo hacemos, esos resentimientos seguirán hiriéndonos, influirán en la forma en que vemos la reali-

dad y controlarán nuestras acciones. Asimismo, aunque algunas veces seremos capaces de olvidar por completo ciertas ofensas, no siempre es conveniente olvidarlas del todo. Es posible que necesitemos recordar algo que nos causó dolor para no permitir que vuelva a suceder. Por ejemplo, si no recordamos cómo fue que una persona abusó de nosotros, corremos el riesgo de permitir que eso vuelva a suceder. De igual manera, recordar ofensas que fueron perdonadas y sanadas, nos permitirá ofrecer comprensión, compasión y ayuda a quienes tengan necesidad de sanar sus propias heridas.

- Perdonar no quiere decir que renunciemos a nuestro derecho a la justicia. Por ejemplo, si alguien le ha robado una gran cantidad de dinero, el perdonarlo no significa que usted vaya a dejar de buscar que se haga justicia. El papa Juan Pablo II perdonó a Ali Agca, el hombre que trató de matarlo, pero no pidió que fuera liberado de la cárcel. Tampoco Nancy Harris pidió que el asesino de su marido y de su hija fuera puesto en libertad. Perdonar a alguien que perdió nuestra confianza, no significa que debamos restituirle su puesto de trabajo. En ocasiones digo a la gente que no debemos confundir el perdón con la estupidez. En efecto, Jesús nos pide que perdonemos, pero no nos pide que seamos tontos.

- El perdón no significa necesariamente que deba relacionarme o hacerme amigo de mi agresor. Esto es especialmente verdadero cuando el agresor no muestra tristeza o remordimiento por el mal que hizo. Algunas situaciones pueden exigir que tratemos de relacionarnos bien con quien nos ofendió, como en el caso de un matrimonio o de un amigo con quien queremos mantener la amistad. También es muy conveniente que los padres divorciados que tienen hijos, especialmente si son pequeños, mantengan una buena relación para bien de los niños. Además, es conveniente que los compañeros de trabajo y los feligreses se lleven bien para beneficio de la comunidad. Sin embargo, la buena noticia es que podemos amar y perdonar a alguien sin tener que entablar una relación de amistad.

• Perdonar no quiere decir que tenga que soportar un comportamiento intolerable. Si un cónyuge u otra persona abusa de nosotros, debemos hacer todo lo posible para evitar esos comportamientos. Perdonar no significa convertirnos en un tapete, donde los demás puedan limpiarse los pies antes de entrar a la casa. Tanto Mahatma Gandhi como Martin Luther King, enseñaron a sus seguidores a resistir a quienes les hicieran daño.

• El perdón no significa excusar, tolerar o minimizar el daño recibido. Jesús nunca dijo que deberíamos hacer alguna de esas cosas. Él pide únicamente que también nosotros perdonemos.

• Perdonar no quiere decir que nunca experimentemos sentimientos negativos hacia quien nos ha ofendido. Como veremos más adelante, no es lo mismo perdonar una herida, que curarla.

- Perdonar no significa que tengamos que sentir simpatía por nuestro agresor. Dudo que a Jesús le resultaran simpáticos los fariseos, pero estoy seguro de que les perdonó todas sus ofensas.

¿Qué es el perdón?

- El perdón es un proceso –que puede durar un día, un año, o toda una vida– durante el cual nos esforzamos por eliminar de nuestra mente y de nuestro corazón, el rencor y todos los sentimientos negativos que se derivan de una herida provocada por lo que alguien nos dijo o hizo.

- El perdón es la cirugía espiritual que llevamos a cabo en nosotros mismos –con la ayuda de la gracia de Dios– para expulsar todo el veneno que tenemos como resultado de una ofensa o injusticia.

- El perdón es un don que nos otorgamos a nosotros mismos para no permanecer anclados en el pasado y en nuestro dolor, viviendo como víctimas de una gran ofensa o injusticia. Cuando logramos perdonar, dejamos de ser víctimas en nuestra historia personal y nos convertimos en héroes.

- "El perdón es esa valiosa postura gracias a la cual el mal no arruinará su vida presente, aun cuando haya podido haber estropeado su pasado". Jean Maalouf

- Sabemos que el perdón se está dando o ya se dio, cuando la distancia entre nosotros y quien nos ofendió es una distancia serena y pacífica, no hostil. Sabemos que el perdón se produce cuando somos capaces de orar por el agresor, deseándole todo bien y abandonando todo deseo de venganza.

Capítulo dos

Tres buenas razones para perdonar

Primera razón: La palabra de Dios nos dice que debemos hacerlo y lo hace no una, sino muchas veces.

En Mateo 18:21-22, Pedro cuestiona a Jesús: "Pedro se acercó con esta pregunta: «Señor, ¿cuántas veces tengo que perdonar las ofensas de mi hermano? ¿Hasta siete veces?» Jesús le contestó: «No te digo siete, sino setenta y siete veces»". A continuación, Jesús le narra la parábola del oficial al que había sido perdonada una gran deuda, pero que se negó a perdonar a un compañero con una mucho menor. Al final de la parábola, Jesús dice: "«¿No debías también tú tener compasión de tu compañero como yo tuve compasión de ti?» Y tanto se enojó el señor, que lo puso en manos de los verdugos hasta que pagara toda la deuda. Y Jesús añadió: «Lo mismo hará mi Padre Celestial con ustedes, a no ser que cada uno perdone de corazón a su hermano»" (33, 35).

En Marcos 11:25-26 Jesús nos dice: "Y cuando se pongan de pie para orar, si tienen algo contra alguien, perdónenlo, para que su Padre del Cielo les perdone también a ustedes sus faltas". En la práctica nos está diciendo que su amor y salvación no pueden llegar hasta nosotros, a menos que antes nosotros permitamos que dicho amor y salvación lleguen también a los demás.

En el libro del Eclesiástico 27:30-28:1-4, leemos estas exigentes palabras: "Odio y cólera son dos cosas abominables en las que se destaca el pecador. El que se venga experimentará la venganza del Señor: él le tomará rigurosa cuenta de todos sus pecados. Perdona a tu prójimo el daño que te ha hecho, así cuando tú lo pidas, te serán perdonados tus pecados. ¡Cómo! ¿Un hombre guarda rencor a otro hombre y le pide a Dios que lo sane? No tiene misericordia con otro hombre, su semejante, y ¿suplica por sus propios pecados?".

Lewis Smedes escribe: "Cuando perdonamos, caminamos a la par de Dios que nos perdona". Una cosa que me llevó a buscar la ayuda del Señor para perdonar fue el hecho de sentirme un hipócrita ante Dios y los demás cuando, conscientemente, permitía el endurecimiento de mi corazón hacia otro. ¿Cómo podía orar de corazón o recibir la Sagrada Comunión, cuando conscientemente permitía que el rencor se anidara en mi corazón sin estar dispuesto a dar ningún paso para curar las heridas?

Para muchos de nosotros el perdón, sobre todo de una gran ofensa o mal, puede ser lo más difícil que alguna vez hayamos tenido que realizar desde el punto de vista emocional o espiritual. Nos puede llevar a hacer cosas de las que no nos creíamos capaces. Para la mayoría, si no para todos nosotros, el perdón contradice nuestra experiencia común. Parece poco natural. El mandato de perdonar expresado por Jesús, puede parecernos repulsivo e indignante, incluso estúpido.

Sin embargo, el perdón es lo que la Palabra de Dios claramente nos pide. En los textos anteriormente citados, es evidente que Dios espera de sus seguidores generosidad para perdonar, del mismo modo en que Él es generoso con nosotros. A lo largo de nuestra vida, Dios nos ha perdonado miles de veces. ¿Por qué nosotros, que nos decimos sus seguidores, no deberíamos tener la misma misericordia con quien nos ofende? Del texto anterior se desprende también que un corazón que no es misericordioso daña nuestra relación con Dios y dificulta su acción salvífica en nosotros. Todas las personas dedicadas al ministerio de la sanación, coinciden en que aferrarse deliberadamente a las ofensas o males recibidos, es un gran obstáculo para recibir la salud de Dios en un nivel físico, emocional y espiritual.

El perdón es la medicina que Jesús nos ofrece para sanar las heridas y ofensas que hemos recibido. Su misericordia es el medicamento que nos cura de la culpa asociada a nuestros pecados y malas acciones. Cuando Jesús nos manda perdonar, debemos confiar en que Él sabe lo que hace. ¿Prescribe acaso el Señor el mal o lo imposible para nosotros? Dios nos da la medicina del perdón para que nuestro corazón se libere del resentimiento y del deseo de venganza que nos roba la paz y la alegría; que nos hiere emocional, espiritual e incluso físicamente. La razón primera y fundamental para perdonar las ofensas es que la palabra de Dios nos indica claramente que lo hagamos cuantas veces sea necesario.

Segunda razón: Para liberar nuestro corazón del poder destructivo del rencor.

En su excelente libro, "El poder curativo del perdón", Jean Maalouf escribe:

Los beneficios del perdón han sido evidenciados por numerosos estudios. Dichos estudios se llevaron a cabo en los campos de la psicología, la medicina, las ciencias sociales y la religión. Todos coinciden en la importancia que las emociones positivas tienen para la salud: la gratitud, la fe, el amor, el perdón, la esperanza, la preocupación por el otro, etc. De acuerdo con estos estudios, las emociones y las virtudes tienen una repercusión concreta sobre nuestro funcionamiento cardiovascular, en particular, y sobre nuestro bienestar en general...

De hecho, las personas que perdonan reportan menos problemas de salud, se sienten mejor psicológica y emocionalmente, padecen menos estrés y aumentan la capacidad de respuesta de su sistema inmunológico.

Por otro lado, se ha demostrado que la amargura, el resentimiento y la ira pueden ser un terreno fértil para los tumores malignos. En una ocasión leí la historia de una mujer con cáncer de mama que visitó a un consejero espiritual. Esta mujer sufrió durante algún tiempo porque había sido objeto de varias operaciones, mientras el cáncer seguía extendiéndose. El consejero le recomendó pasar un tiempo a solas todos los días, para meditar y perdonar a todos. Así lo hizo. Entre las cosas que leyó y meditó, le llamó particularmente la atención un texto de san Pablo, donde recomienda: "Revistámonos de la fe y del amor como de una coraza, y sea nuestro casco la esperanza de la salvación". (1 Tesalonicenses 5:8). Esta frase inspiró en ella una oración: "Cristo está curándome. Me pondré la coraza de la fe, del amor, del perdón y de la justicia. Abandonaré en Cristo toda mi carga de ofensas recibidas, dolor, resentimiento y amargura. Él es mi Salvador y quien me libera. Estoy libre de toda enfermedad. Estoy sana. ¡Gracias, Dios mío!" Durante varios días oró de esta manera con un corazón lleno de amor, esperanza y determinación. Posteriormente, ante el asombro de su médico, el pequeño tumor que tenía en el pecho había desaparecido y ella estaba completamente curada.

Esta historia es una entre muchas otras similares. Las podemos encontrar en los historiales clínicos y prueban el poder del perdón y del amor para disolver cálculos biliares, cáncer, tumores y otros padecimientos similares. Lo que los registros médicos nos dicen es que, cuando estamos en un estado de falta de perdón o de rencor, nuestros cuerpos comienzan a segregar sustancias químicas adicionales —como adrenalina, hormonas adrenocorticotróficas y cortisona—, las cuales se acumulan en el torrente sanguíneo. Si esta situación se prolonga durante cierto tiempo sin ser advertida, puede producir úlceras gástricas u otras enfermedades.

Los pensamientos de amargura hacen que las células adquieran también cierta amargura. Los pensamientos de perdón y amor producen células curativas (pp. 35-37).

Al no entrar en el proceso del perdón, optamos por permitir que nuestro agresor controle continuamente nuestra vida a nivel emocional, espiritual y físico. ¿Le parece una postura inteligente? No lo creo. Sin embargo, eso es exactamente lo que hacemos cuando optamos por no entrar en el proceso, siempre exigente, del perdón. Piense por un instante en esto: nuestro agresor sigue adelante con su vida, pero continúa controlándonos y manteniéndonos en un estado de intranquilidad y desasosiego. Negarse a entrar en el proceso del perdón es una decisión que nos hiere constantemente. Es como resistirse a ser atendido cuando se tiene un tumor canceroso en el propio cuerpo. En su libro "Diez secretos para el éxito y la paz interior", Wayne Dyer escribe: "El resentimiento es como un veneno que sigue inoculándose en el cuerpo, haciendo daño durante mucho tiempo después de haber sido mordidos por una serpiente venenosa. No es la mordida la que te mata, es el veneno". Hace miles de años, Confucio dijo: "Los que no pueden perdonar a los demás derriban el puente por el que ellos mismos tienen que pasar".

Tercera razón: Cuando perdonamos, hacemos nuestro mundo menos violento y más amable.

Los medios de comunicación nos presentan todos los días el odio y la animosidad que existe en nuestro planeta. Incluso podemos sorprendernos a nosotros mismos diciendo: ¿Por qué tiene que ser así? ¿Por qué la gente no puede resolver sus diferencias de manera pacífica? Y, sin embargo, es posible que nosotros mismos seamos culpables de estar perpetuando el odio y la enemistad en nuestro pequeño pedazo de mundo.

De hecho, somos culpables de hacer precisamente eso siempre que, deliberadamente, decidimos aferrarnos a rencores y resentimientos. Estamos añadiendo más oscuridad a un mundo ya de por sí oscuro. Contribuimos a mantener viva una atmósfera negativa o positiva en nuestro hogar, en nuestro lugar de trabajo o en nuestra misma parroquia. Pero cuando decidimos entrar en el proceso del perdón, estamos optando por superar la oscuridad de la falta de perdón con el amor. Nos convertimos en los constructores de paz a quienes Jesús llamó "verdaderos hijos de Dios" (Mateo 5:1-12). Por eso, cuando optamos por entrar en este proceso:

- Elegimos hacer lo que Dios quiere que hagamos.

- Elegimos hacer algo muy importante por nuestra salud física y emocional.

- Optamos por hacer nuestro mundo un poco más pacífico y amable.

Capítulo tres

Trece verdades que conviene tener presentes mientras estamos en el proceso de perdonar.

Una razón por la que millones de personas, entre ellas gran cantidad de católicos practicantes, quedan atrapadas en un círculo de amargura por las ofensas y daños recibidos, es que no creen en una o más de las siguientes verdades sobre el perdón. La siguiente lista de verdades sobre el perdón no es exhaustiva, sin embargo, contiene verdades importantes que debemos recordar al tratar de perdonar una ofensa. Mientras revisa la lista, puede preguntarse a sí mismo: ¿creo en esto?

1. El perdón es la manera en que Dios afronta las ofensas y el mal recibidos. Buscar a toda costa una venganza, es el modo de actuar del mundo.

Preguntas para la reflexión: ¿Realmente crees que el perdón es el camino de Dios para hacer frente a las ofensas y daños recibidos? ¿O más bien te inclinas a pensar que la manera de hacer frente a ciertas ofensas es la venganza o simplemente ignorar el daño?

2. Normalmente los agresores nos lastiman o nos hacen un mal porque son inmaduros, ciegos espiritualmente, débiles, heridos e imperfectos como nosotros y no porque sean monstruos malvados o gente sin escrúpulos.

El ya fallecido padre Anthony de Mello, S.J., popular escritor y conferencista, solía decir: "Las personas que hacen daño a su prójimo están dormidas. Si estuvieran despiertas, nunca se comportarían de esa manera". Al parecer, el padre De Mello simplemente estaba haciéndose eco de las palabras de Jesús, cuando estaba muriendo en la cruz: "Padre, perdónalos porque no saben lo que hacen" (Lucas 23:34). Podríamos decir: "No, seguramente conocían el mal que estaban haciendo o al menos sus líderes lo sabían". Jesús no estaría de acuerdo con nosotros.

En 2 Samuel 11:1-21 leemos cómo el gran rey David cometió adulterio y cómo, a través de un asesinato, logró ocultar su pecado. David estaba cegado ante estos dos terribles pecados y crímenes hasta que el profeta Natán se enfrentó a él. Podemos preguntarnos cómo pudo David ser tan ciego de sus pecados. Cuando nos encontramos con las imperfecciones de los demás y con las nuestras, debemos tener presente que, a veces, personas muy buenas pueden ser capaces de graves pecados o delitos. Además, todos sufrimos periódicamente cierta ceguera espiritual. A veces sufrimos porque sentimos una profunda necesidad de creer que la persona que nos hizo daño "sabía exactamente lo que estaba haciendo y tenía la firme intención de hacernos daño". Sólo en casos muy raros esto puede ser cierto. Por lo general no es así. Incluso cuando parece ser verdad, debemos aceptar que la mayoría de las personas actúan de una determinada manera porque están dormidas espiritualmente. Por ejemplo, durante siglos, nosotros como nación estuvimos espiritualmente ciegos y dormidos ante el pecado de los prejuicios raciales.

Preguntas para la reflexión: si en estos momentos tienes un corazón que ha sido herido, ¿qué concepto tienes de tu agresor? ¿Crees que él o ella es una persona sin escrúpulos, insoportable? ¿O crees, más bien, que es una persona imperfecta, débil y dormida espiritualmente, que te ha hecho una gran ofensa?

3. El perdón de una ofensa, especialmente de una grande, por lo general toma tiempo, paciencia, humildad y mucha oración.

Vivimos en una sociedad acostumbrada a obtener rápidos resultados. Desgraciadamente, cuando se trata de sanar un corazón herido, no es posible tomar atajos ni encontrar soluciones rápidas. Así como debemos echar mano de fuerza de voluntad y de mucha paciencia para que nuestro cuerpo se recupere después de una cirugía mayor, de la misma manera debemos estar dispuestos a ser pacientes con nuestro corazón, cuando debe recuperase de una gran ofensa. Orar unas cuantas veces y esperar que con ello el dolor desaparezca, no es realista. La curación requiere tiempo, paciencia y mucha cooperación con la gracia de Dios. Por supuesto, el ritmo de la curación dependerá en gran medida de nuestro estado de salud, tanto desde el punto de vista psicológico como espiritual. Por ejemplo, ¿cuán fácil o difícil es para nosotros identificar y llamar por su nombre a nuestros sentimientos? ¿Cuán fácil o difícil es para nosotros hablar con Dios acerca de lo que realmente nos sucede en nuestra vida?

Necesitamos ser humildes para conocer cada vez mejor nuestra necesidad de Dios. Aquellos que nos dejamos llevar por el orgullo y tenemos un amor propio poco controlado, muy probablemente tendremos más dificultades en recorrer el proceso del perdón. Posiblemente llegará un momento en que nos será difícil aceptar que necesitamos la ayuda y el consejo de Dios. Por otro lado, si por gracia de Dios poseemos la virtud de la humildad, no tendremos ningún problema en arrodillarnos, admitiendo nuestra impotencia y buscar la ayuda de Dios. El reconocimiento de nuestras propias limitaciones y de nuestra constante necesidad de la misericordia de Dios nos ayudará a ser misericordiosos con quien nos haya hecho daño.

Preguntas para la reflexión: ¿Estás de acuerdo en que el perdón exige tiempo, paciencia, humildad y mucha oración? ¿Percibes hasta qué punto el orgullo podría ser un gran obstáculo para perdonar las ofensas?

4. Antes de que podamos perdonar una ofensa o daño recibido, por lo general tendremos que darle un nombre, hacerlo propio y expresar de algún modo los sentimientos que acompañan a la herida. Por ejemplo: enojo, desilusión o un sentimiento de haber sido traicionados.

A menudo las personas cometen el error de comenzar a pedir la gracia de perdonar una ofensa, antes de dar expresión al enojo u otro sentimiento adverso que están experimentando. Esta parte del proceso nos resultará aún más difícil si nos han enseñado a reprimir nuestros sentimientos. Si bien algunos de nosotros no tenemos problema en expresar nuestros sentimientos, hay otros para los que puede resultar complicado. Podemos pasar un momento difícil, simplemente por el hecho de tener que admitir que nos hierve la sangre cuando pensamos en quien nos ofendió. Es probable que no queramos admitir siquiera que nuestro agresor realmente nos hizo daño y nos hizo enojar. Incluso es posible que tengamos poca o nula experiencia sobre cómo dar cauce a nuestro enojo. Como resultado, nuestra reacción será decir que estamos "un poco molestos", cuando en realidad estamos profundamente enojados.

Existen diferentes maneras de expresar nuestro enojo. A menudo yo utilizo mi diario. Lo hago para decirle a mi agresor exactamente cómo me siento. Si tengo que usar palabras desagradables o incluso altisonantes para dar rienda suelta a mis sentimientos, no dudo en hacerlo. Por lo general, me siento mejor después de haberme desahogado. También podemos contárselo a un amigo de confianza.

Preguntas para la reflexión: ¿Cuán fácil o difícil te resulta desahogar tu ira? ¿Tiendes a minimizar o a exagerar lo que sientes? ¿Comprendes por qué es importante que seamos capaces de expresar nuestra ira antes de olvidar la ofensa?

5. Por lo general, necesitamos la gracia de Dios para lograr dejar de lado una ofensa muy grande.

Recuerde el dicho, "errar es humano; perdonar es divino". El perdón es un don que debemos pedir con frecuencia. Una de las razones por la que muchas personas no hacen grandes progresos en el proceso del perdón, es porque no piden ayuda a Dios. No están dispuestos a orar o no saben cómo orar, mientras están experimentando dolor por una ofensa. Más adelante profundizaremos en el tema.

Preguntas para la reflexión: ¿Cuán difícil es para ti ponerte de rodillas y pedir ayuda al Señor? ¿Ordinariamente afrontas las batallas de la vida con tus solas fuerzas?

6. Otra razón por la que no progresamos mucho en nuestro esfuerzo por perdonar es porque, en el fondo, no queremos olvidar la ofensa.

En la superficie decimos o realmente creemos que queremos perdonar. Sin embargo, en un nivel más profundo, experimentamos resistencia a dejar de lado la ofensa. A veces somos conscientes de que tenemos muy poco o ningún deseo de perdonar. En este caso, nuestra oración tendrá que ser dirigida a alcanzar un profundo deseo de perdonar.

Pregunta para la reflexión: si actualmente estás buscando perdonar una ofensa, ¿crees honestamente que tienes deseos de dejarla de lado y olvidarla?

7. Existe una diferencia entre perdonar una ofensa y curar la herida producida por dicha ofensa.

A veces nos sentimos incómodos porque, después de perdonar, aún experimentamos sentimientos negativos hacia alguien que nos ha herido fuertemente. Creemos que nuestros sentimientos negativos son una señal de que no hemos perdonado. La ofensa ha sido perdonada. La herida, sin embargo, se infectó dado que la traición aún no ha sido curada. Lo importante aquí es que no lleguemos a la conclusión, – por lo demás equivocada–, de que no hemos perdonado sólo porque todavía nos sentimos heridos y desasosegados por lo sucedido. El perdón es, ante todo, un acto de la voluntad y no una cuestión de sentimientos. Si nuestros sentimientos negativos nos llevan a comportarnos de manera negativa, entonces tenemos toda la razón en pensar que el perdón aún no se ha producido. Algunas ofensas tienen que ser perdonadas hasta setenta veces siete.

Pregunta para la reflexión: ¿Alguna vez te ha sucedido que creías haber perdonado ya una ofensa y más adelante experimentas nuevamente sentimientos negativos por algo que suponías ya superado?

8. *Hay una diferencia entre el perdón y el superar completamente el daño recibido.*

Siempre podemos, con la gracia de Dios, perdonar una ofensa. Sin embargo, no siempre se puede restablecer una relación. Esto sucede porque la otra parte puede no estar interesada. Sólo se necesita una persona para perdonar, pero se necesitan dos para recuperar una relación. Jesús perdonó a sus enemigos –por ejemplo, los fariseos– pero, obviamente, ellos no tenían ningún interés en reconciliarse con él.

Pregunta para la reflexión: ¿Alguna vez has perdido de vista la importante necesidad de distinguir entre perdón y reconciliación?

9. *Algunas veces, la razón por la que se nos dificulta perdonar a los demás es porque nos es difícil perdonarnos a nosotros mismos.*

El viejo dicho "nadie da lo que no tiene", se aplica al perdón como se aplica a otras cosas. Si no podemos recibir el perdón que Dios y otros nos ofrecen, ¿cómo podremos dar ese mismo perdón a los demás? La diferencia entre Pedro y Judas es que el primero fue capaz de aceptar el perdón que Jesús le ofreció, mientras que Judas no lo fue. Ambos habían cometido un grave delito contra el Señor y ambos habían sido perdonados. Sin embargo, sólo uno fue capaz de aceptar el don del perdón.

Preguntas para la reflexión: ¿Cuán fácil o difícil te resulta perdonarte a ti mismo? ¿Comprendes por qué es difícil perdonar a los demás si no podemos perdonarnos a nosotros mismos?

10. *Algunas heridas pueden ser tan graves que necesitaremos un buen consejero para superarlas.*

A veces algunas personas necesitan años para conseguir hablar sobre alguna herida profunda, por ejemplo, un abuso sexual. El dolor es tan profundo y doloroso que generalmente no pueden afrontarlo a solas. No se nos ocurriría siquiera luchar solos contra una enfermedad física como el cáncer. Sin duda buscaríamos la mejor ayuda a nuestra disposición. ¿Por qué debería ser diferente cuando se trata de profundas heridas emocionales? Un asesor especializado o un guía espiritual puede ayudarnos a afrontar y luchar contra el dolor producido por las heridas emocionales. Sería prudente valernos de esa ayuda.

Preguntas para la reflexión: ¿Percibes ahora que un buen consejero o guía espiritual puede ayudarte cuando luchas por perdonar y superar una ofensa? ¿Estarías dispuesto a hablar con un consejero o guía espiritual para que te ayude a superar alguna ofensa?

11. *Es importante recordar que perdonar una ofensa no es una respuesta cobarde o débil.*

Esto es especialmente importante para quienes podemos ser un poco machistas. La verdad es que sólo las personas espiritualmente fuertes pueden perdonar una ofensa y olvidar un daño recibido.

Preguntas para la reflexión: ¿Tiendes a creer que el perdón es una respuesta cobarde a una ofensa? ¿Comprendes por qué la gente machista puede pensar de esa forma?

12. Es importante no confundir la llamada del Evangelio a perdonar las ofensas, con tolerar las actuales situaciones que producen sufrimiento.

Si estamos en una relación en la que se dan abusos, debemos hacer todo lo posible por alejarnos de esa situación o enfrentarnos al abusador. De esto hablaremos más adelante.

Pregunta para la reflexión: ¿Tiendes a pasar por alto y excusar con demasiada facilidad el comportamiento desagradable e injusto de los demás?

13. Recuerda que a veces la verdad duele.

En ocasiones, la ofensa que enfrentamos implica aceptar la verdad sobre alguna situación o sobre nosotros mismos, especialmente si las palabras se dicen de manera clara e inequívoca. Puedes estar seguro de que muchas de las palabras que Jesús dijo a los fariseos y a los escribas les hirieron y ofendieron profundamente (ver Mateo 23). Muchas veces el reto no es tanto perdonar algunas palabras hirientes que se nos han dicho, sino hacer frente a la verdad que dichas palabras pusieron en evidencia. Huelga decir que esto exige mucha humildad y fortaleza espiritual.

En cierto modo, podríamos afirmar que las personas que tienden a ser demasiado sensibles a lo que la gente les dice, deberán perdonar mucho más que las personas espiritualmente maduras o "de piel gruesa". Cuando somos demasiado sensibles, tendemos a sentirnos ofendidos con mayor frecuencia. Las palabras dichas en broma son, a menudo, interpretadas como ofensivas.

Preguntas para la reflexión: ¿Crees que eres demasiado sensible ante las observaciones y acciones de los demás? Consideras que en ocasiones puedes tener un momento difícil al hacer frente a alguna verdad?

Capítulo cuatro

Diez obstáculos para perdonar las ofensas

Podemos preguntarnos por qué Reggie Denny, Nancy Harris y las otras personas mencionadas anteriormente fueron capaces de perdonar una grave ofensa, mientras que algunos de nosotros ni siquiera estamos dispuestos a perdonar una ofensa menor. Podemos preguntarnos por qué algunas personas en sí buenas no pueden ni siquiera comenzar el proceso del perdón. ¿Qué es lo que nos impide dar el primer paso?

Los psicólogos afirman que los obstáculos para perdonar una ofensa son a menudo inconscientes. De ahí la importancia de enumerar una serie de obstáculos que pueden estar interfiriendo en nuestro proceso de perdón. Si en este momento estás tratando de perdonar una ofensa o daño, puedes analizar si alguno de los siguientes obstáculos está presente en tu vida.

1. Debido a diversas experiencias en nuestra vida, es posible que no nos encontremos muy bien dispuestos para perdonar. Puede ser que hayamos sufrido heridas muy dolorosas cuando éramos jóvenes o incluso adultos. Estas experiencias pudieron haber dejado huellas en nosotros o habernos debilitado en este campo. Es posible que nos hayamos ejercitado poco en el arte del perdón. Incluso que no hayamos logrado aceptar el perdón cuando se nos ha ofrecido. Como resultado, tenemos poco perdón que ofrecer a los demás. Pero, de nuevo, a través de un milagro de la gracia, las personas que han perdonado poco en su vidas, son capaces de perdonar grandes ofensas.

2. Podemos sentir vivamente que nuestro agresor no merece nuestro perdón. Sin embargo, al final debemos preguntarnos: ¿Merecemos el perdón de los demás y, especialmente, merecemos el perdón de Dios para muchas de las ofensas que le hemos hecho? Y no olvidemos que, incluso si pensamos que nuestro agresor no merece nuestro perdón, nosotros sí merecemos ser libres de todo resentimiento, dolor y estrés producido por una ofensa particular que nos roba la alegría.

3. Intelectualmente podemos creer, consciente o inconscientemente, que Jesús se equivoca en este tema. De hecho, considero que muchos piensan así. Podemos sentir que algunas ofensas no deberían ser perdonadas, como por ejemplo, los actos de terrorismo o algún terrible daño que se nos ha hecho.

4. El orgullo es un gran obstáculo para muchas personas. Algunos de nosotros no podemos ser lo suficientemente humildes como para ponernos de rodillas y pedir a Dios que nos ayude a hacer algo que de ningún modo querríamos hacer. El orgullo puede también impedir que aceptemos las disculpas sinceras de nuestro agresor.

5. Perdonar una ofensa podría darnos la impresión de estar minimizando o excusando un daño. Puede parecer un acto de debilidad. A las personas con un sentido de virilidad mal entendido –los "machos"– no les gusta aparecer como débiles. Si pensamos que el perdón es un acto de debilidad, consideremos lo que Mahatma Gandhi dijo en una ocasión: "El débil nunca puede perdonar. El perdón es un atributo de los fuertes".

6. El perdón implica hacer frente a emociones que la mayoría de nosotros no desea enfrentar y resolver, como por ejemplo, la ira, el odio y nuestro deseo de venganza. Si tendemos a ignorar nuestros sentimientos, muy probablemente llegue un periodo muy difícil en el que tengamos que hacerles frente. Es posible incluso que no queramos admitir que tenemos tales sentimientos, no se diga ya afrontarlos... Si es ése nuestro problema, conviene recordar que los sentimientos no son ni buenos ni malos. Además, tenga presente que Jesús, al ser plenamente humano, experimentó todos los sentimientos humanos.

7. Puede presentarse el temor de que el perdón sólo nos deje en condiciones de volver a ser heridos. Si nosotros perdonamos a nuestro agresor, él o ella puede interpretar ese hecho como una debilidad y herirnos nuevamente.

8. Ni siquiera podemos hablar con Dios acerca del tema, porque no queremos oírle decir "perdona" u "olvídalo". Como resultado, queremos incluso mantener alejado a Dios. Por supuesto, esa actitud influye negativamente en toda nuestra relación con Él.

9. No somos capaces de ir más allá de la ira y la rabia a las que miramos como relacionadas con la herida. Todo lo que conseguimos pensar es en cómo podemos vengarnos de nuestro agresor. Por supuesto, es normal estar enojados, sólo tenemos que decidir cuánto tiempo más vamos a estarlo. ¿Un año? ¿Diez años? ¿Veinte años? Mantener viva nuestra ira es, en el fondo, optar por permitir al agresor controlar nuestras emociones durante años o tal vez de por vida. ¿Realmente queremos dar a nuestro agresor semejante control y poder sobre nuestra vida emocional y espiritual? Por último, podemos sentir –casi siempre inconscientemente– que el enojo es todo lo que nos ha quedado de una relación particular. Si dejamos que la ira se vaya, podríamos sentirnos disminuidos, vacíos e incluso sin fuerzas. Por supuesto, nuestra ira puede ser una "justa ira", como la que mostró Jesús cuando expulsó a los vendedores del Templo (cf. Jn 2:13-17), o la que condujo al Dr. King y a las Madres Contra los Conductores Ebrios a luchar contra la injusticia. La ira que debemos abandonar es la que nos amarga y nos mantiene emocional y espiritualmente postrados.

10. Podemos adoptar lo que yo llamo una "actitud de víctimas justas". Es decir, creer que toda la culpa y todo el mal están en nuestro agresor. Por supuesto, en ocasiones

es así, como por ejemplo, en el caso de abusos durante la infancia. Pero no es lo más frecuente. A veces estamos tan preocupados por señalar la paja en el ojo de nuestro hermano, que no nos damos cuenta de que podría haber una viga en el nuestro (Mateo 7:1-5). Cuando seamos lúcidamente conscientes de nuestro propio pecado y de nuestra necesidad de la misericordia de Dios, nos será mucho más fácil tener misericordia con quien nos ha ofendido. Por otra parte, si sufrimos la enfermedad espiritual de sentirnos excesivamente justos y perfectos, lo más probable es que nos resulte más difícil perdonar a los demás.

Pregunta para la reflexión: si estás tratando de perdonar una herida, ¿cuál de los obstáculos antes mencionados impide que el perdón sea una realidad en tu vida?

Capítulo cinco

¿De qué manera puede ayudarnos la oración a perdonar las ofensas?

En este capítulo, veremos cómo la oración puede ser un recurso espiritual muy útil cuando estamos luchando por perdonar y sanar una herida. Ofreceré algunas sugerencias prácticas para la oración que nos ayudarán a:

- perdonar a alguien, vivo o muerto
- perdonar a Dios
- perdonar a la Iglesia
- perdonarnos a nosotros mismos

En algunas situaciones es posible que no necesitemos de la oración para perdonar o curar una herida. Sin embargo, en muchos otros casos seguramente necesitaremos de la ayuda divina. La oración es el camino para acceder a esta ayuda.

Como mencionamos anteriormente, antes de comenzar a pedir la gracia de poder perdonar, es importante dar expresión a los sentimientos que experimentamos por el daño recibido, como la rabia, el deseo de castigar al otro o de vengarse, la ira o el enojo por sentirse traicionado. Yo suelo usar mi diario para expresar mis sentimientos. Si yo siento que aquella persona es un zorrillo sucio y podrido, voy a decirlo. Y le diré a él o ella —obviamente en mi diario— que siento como si estuviera golpeándolos con mis puños. Dar un nombre a nuestros sentimientos negativos, aceptarlos y darles un cauce para expresarse, es un primer paso de suma importancia.

Si la herida es grande (o incluso pequeña) podemos tener poco o ningún deseo de perdonar a nuestro agresor. En este caso, nuestra oración en primer lugar expresará nuestra ira, nuestro odio y nuestra rabia.

Primera sugerencia para la oración: oración de ira

Cuando hemos sido profundamente heridos, lo más probable es que experimentemos ira, odio y enojo. Queremos una compensación. Deseamos castigar a nuestro agresor. Por lo tanto, nuestra primera oración tendrá que dar expresión a nuestra rabia. Es probable que muchos de nosotros nunca hayamos hecho una oración de este tipo. Será una nueva experiencia. La siguiente oración es un ejemplo que podríamos utilizar. Evidentemente, es importante reescribir cada una de estas oraciones para que se adapten a la personalidad y circunstancias de cada uno.

"Jesús, no tengo absolutamente ningún deseo de perdonar la herida y la injusticia que él me hizo. Estoy sumamente enojado con él. No puedo ni verlo. Incluso estaría feliz si él sufriese también un mal. No puedo imaginarme a mí mismo perdonándolo. Él es lo peor que hay en esta tierra. Lo detesto y desprecio. No quiero volver a verlo".

Como ya hemos mencionado, muy probablemente la mayoría de nosotros jamás ha orado de esta manera. De hecho, podríamos sentir que es un error decir tales cosas a Dios. Si la oración anterior te escandalizó, escucha lo que Jeremías dice a Dios sobre sus enemigos:

"Yavé, tú tienes siempre la razón cuando yo hablo contigo, y, sin embargo, hay un punto que quiero discutir: ¿Por qué tienen suerte los malos y son felices los traidores?
En cambio, a mí me conoces, Yavé; me has visto y has comprobado que mi corazón está contigo. Llévatelos como ovejas al matadero y señálalos para el día de la matanza".

JEREMÍAS 12:1, 3

¡Ay, Jeremías! ¿No te pasaste un poco? Si hemos sufrido algún gran mal o injusticia, probablemente no pensamos así.

Cuando predicaba acerca de la oración, Martin Luther solía decir: "no mientas a Dios". Si nuestra oración es real, debe expresar lo que realmente sentimos. Muchos salmos son ejemplos maravillosos de una oración sincera dirigida a

Dios, ya sea en tiempo de ira o de depresión. Escuche estas palabras de un israelita exiliado, sufriendo la opresión en Babilonia:

> *"Hija de Babilonia, que serás destruida,*
> *dichoso el que te hiciere*
> *los males que a nosotros nos hiciste.*
> *¡Dichoso aquel que agarre a tus pequeños y los*
> *estrelle contra las rocas!"*
>
> SALMO 137:8-9

Si no podemos imaginarnos a nosotros mismos hablando con Dios de esta forma, estoy seguro de que sí podemos imaginar a algunas de las víctimas de ataques terroristas diciendo esas palabras. Decir en voz alta y con fuerza aquello que consideramos ofensas indecibles, puede ser una experiencia maravillosa y liberadora. Nuestra reacción podría ser: "Lo dije y ahora me siento mejor".

Segunda sugerencia para la oración: oración por el deseo de perdonar

Tras expresar ante Dios nuestra rabia y la antipatía que sentimos hacia nuestro agresor, muy probablemente nos vendrán deseos de pedir al Señor que nos ayude a dejar atrás nuestra ira e indignación. Una oración que nos puede ayudar en esta etapa podría ser:

> *"Jesús, tú sabes lo que siento en relación con N. Tú sabes que no quiero perdonarlo. Tú sabes que todo*

lo que quiero es ajustar cuentas con él. Sin embargo, también sé que un corazón endurecido, un corazón que no perdona, es malo para mi cuerpo, mente y espíritu. Me hace incluso más daño a mí que a mi agresor. También daña mi relación contigo.

Jesús, admito mi indigencia e impotencia cuando se trata de pensar siquiera en perdonar a N. Pero también sé que todo es posible para aquellos que quieran cooperar con tu gracia. Con san Pablo, yo también creo que todo lo puedo en Ti que me confortas. Dame fuerzas, Jesús, para afrontar la tarea del perdón. Coloca en mi corazón el deseo de perdonar a N. Me resulta difícil incluso hacerte esa petición, porque mi corazón tiene un gran resentimiento hacia N. Sin embargo, hago esta petición aunque sea débilmente, con la esperanza de que me darás la gracia para hacer lo que soy incapaz de lograr por mí mismo".

En ocasiones, tendré que rezar muchas veces esa oración con fervor, antes de que experimente deseo alguno de trabajar superando mi dolor e ira. De la misma manera que la terapia física toma tiempo, así también la terapia espiritual. Debemos exigirnos mucho emocional y espiritualmente si queremos que Dios ablande nuestro corazón endurecido. Éste puede ser el paso más difícil en todo el proceso. Millones de personas optan incluso por no orar para alcanzar de Dios el deseo de perdonar. Si te descubres estancado en esta etapa, te sugiero que veas a un consejero o un guía espiritual.

Tercera sugerencia para la oración: oración de arrepentimiento

Puede presentarse una situación, poco común por cierto, en la que somos totalmente inocentes y todo el mal está en la parte del agresor, sin embargo, por lo general nosotros también hemos hecho algo malo, ya sea antes, durante o después de lo sucedido. Por ejemplo, desde que la ofensa tuvo lugar, es posible que me haya expresado de una forma poco cristiana de mi agresor, y no sólo con una persona, sino con varias. Es posible que haya difamado su buen nombre. Podemos haber exagerado lo sucedido en nuestra narración de los hechos. Si en algo hemos actuado mal, entonces también nosotros debemos buscar el perdón de Dios.

Esta parte del proceso del perdón es muy exigente y, al mismo tiempo, muy útil. Es muy difícil porque se nos pide que dejemos de mirar el pecado o maldad del otro, para centrarnos en el nuestro. Este paso requiere humildad y una buena dosis de auto-conocimiento. Mientras prestemos atención a lo que nuestro agresor hizo, no seremos capaces de perdonar. Sin embargo, una vez que comenzamos a enfocarnos en nuestra propia necesidad de perdón y misericordia, nos volvemos mucho menos sensibles a las injusticias sufridas y somos menos severos con los demás. Este paso es realmente útil porque, muy probablemente, suavizará nuestro corazón endurecido. Al ir tomando cada vez más conciencia de nuestra propia necesidad de perdón, nuestro corazón estará más preparado para ser misericordioso con quienes nos hacen daño. En esta etapa, nuestra oración podría ser más o menos así:

"Jesús, perdóname por todo lo malo que he dicho o hecho en relación con esta persona. Me resulta muy fácil comentar con otros lo malo que es N. Sin embargo, me es muy difícil admitir mis propios errores. Te pido perdón por haber hablado de una forma tan poco cristiana sobre N".

A continuación, reflexione durante unos minutos sobre otras maneras en que pudo haber pecado o hecho mal antes, durante o después de que se produjera la injusticia u ofensa.

Después de pronunciar específicamente los males que usted pudo haber hecho, pida perdón a Dios. A continuación, puede agregar:

"Jesús, acepto tu misericordia y te agradezco por las innumerables veces que me has perdonado. Concédeme la gracia de tener la fuerza para perdonar a N".

Cuarta sugerencia para la oración: oración por quien nos ha ofendido

Para saber si una persona está realmente en el proceso del perdón, a veces pregunto: "¿Puede usted rezar por él?" Si la respuesta es "no", entonces sé que todavía tiene mucho camino por recorrer. El pensamiento de orar por alguien que nos hirió profundamente, es repugnante para muchas personas. Es como desearles el bien, cuando en realidad todo lo que podemos querer para ellos es el mal.

Yo, personalmente, he encontrado muy útil el decidirme a pedir por quien me ha ofendido. Invariablemente, esa decisión hace que mi corazón se ablande. Además, cuando nos esforzamos por hacer lo que nos parece repulsivo, Dios, por lo general, crea en nosotros un corazón nuevo; un corazón más parecido al suyo; un corazón más abierto a perdonar lo que parece imperdonable. En esta etapa se puede comenzar a experimentar el milagro del perdón. También el milagro de desprenderse de algo que, unos días antes, se custodiaba como si fuera una joya preciosa. Una oración sencilla para esta etapa podría ser:

"Señor, creaste a N. bueno, como me has creado bueno a mí. Tú amas a N. del mismo modo que me amas a mí, a pesar de todas mis faltas y debilidades. Tú sabes que no quiero mucho a N. en este momento. Sin embargo, Tú sí lo amas. Comparte conmigo tu amor por N. También, Señor, te pido que bendigas a ese canalla. A veces yo también soy un canalla y también necesito tu bendición".

Si rezamos fervientemente esta oración, una y otra vez, lo más probable es que comencemos a notar cómo Dios va creando un corazón nuevo en nosotros.

Quinta sugerencia para la oración: oración para ser liberados de un espíritu maligno

En su libro "Curación en el Espíritu" (Liguori Publications, 2003), el padre Jim McManus, C.Ss.R., tiene un capítulo titulado "Romper con la servidumbre". En él nos narra la interesante historia de dos mujeres católicas que tenían un gran deseo de perdonar una ofensa grave. Sin embargo, se sentían impotentes para hacerlo. El padre Jim escribe:

A veces, la barrera para alcanzar la curación interior puede ser acción del espíritu maligno. Esto no implica necesariamente que la persona, víctima de la acción del maligno, sea buena o mala. Puede significar simplemente que, mientras la persona estaba muy mal o débil, el mal espíritu se aprovechó y utilizó el daño o debilidad para crear una esclavitud.

Mientras me encontraba en una misión parroquial en el oeste de Escocia, una señora vino a verme durante una misa celebrada en una casa particular. Todos los que estaban en la casa se acercaban a la confesión. Ella entró y dijo: "No puedo confesarme, pero me gustaría hablar con usted". Supuse que no podía confesarse por no estar casada por la Iglesia. "¡Oh no!", dijo, "Lo que pasa es que no soy capaz de perdonar, por lo que no tiene sentido que vaya a la confesión".

Entonces me contó su triste historia. Su único hijo fue condenado a cadena perpetua por el asesinato de un joven. Estaba convencida de que aquel joven había incitado a su hijo más allá de su capacidad y que no había tenido intención de matarlo. Sin embargo, fue declarado culpable y condenado. Ahora, su corazón estaba lleno de odio. "No tengo paz", dijo, "porque los odio y no puedo perdonarlos". Le pregunté si le gustaría perdonarlos y ella respondió sin pensarlo, "Me encantaría. Mi corazón es como una piedra fría".

Era una buena mujer, católica devota. La vi en todas las celebraciones de la misión. No me di cuenta, sino hasta ese momento, que no se acercaba a los sacramentos. Era un caso muy claro de una mujer con un profundo deseo de hacer lo que agrada a Cristo, perdonar, pero sin poder hacerlo. A raíz del trágico asesinato y las consecuencias del mismo en su hijo, se encontraba esclavizada por el odio hacia la familia del joven muerto. Vivía en una servidumbre real. No era libre.

Le expliqué que Jesús la liberaría y le daría la fuerza para perdonar. Mientras estaba orando con ella, me dirigí al espíritu del odio. En el nombre de Jesús y en silencio, le ordené que se fuera y no volviera nunca. Después pedí al Señor que la llenara con su amor misericordioso. El odio y la dureza de corazón inmediatamente se fueron. Ella supo que los había perdonado. Durante la Misa, recibió la Sagrada Comunión por primera vez en muchos años con gran alegría.

Parece claro, a la luz de esta historia, que cuando permitimos que nuestros corazones se endurezcan y se llenen de odio hacia alguien, abrimos la posibilidad de que un espíritu maligno entre en él. Una vez ahí, hace que perdonar nos sea muy difícil, si no imposible, sin la ayuda de Dios.

Si usted está tratando de perdonar una ofensa de consideración y todo lo que siente es rencor y odio, es posible que necesite una oración de liberación para romper con la esclavitud de un espíritu maligno. Puede pedir a un sacerdote, abierto a este tipo de oración, que rece con usted. También puede buscar un laico con experiencia en el ministerio de la sanación para que ore con usted.

Capítulo seis

Llegar a la reconciliación pasando por el perdón

Si bien el Evangelio nos pide perdonar todas las ofensas y males recibidos, no nos pide reconciliarnos con todos los que nos ofenden. Obviamente, la reconciliación no es posible si nuestro agresor no se arrepiente de su delito y no tiene deseo de reconciliarse con nosotros. Además, si hemos tenido poca o ninguna relación con él antes de que nos ofendiera, no tendrá motivo para buscar una relación con nosotros después de haber sido perdonado. Dicha relación, de hecho, no existía antes. El difunto Papa Juan Pablo II perdonó al hombre que intentó asesinarlo. Incluso lo visitó en su celda dentro de la prisión; pero después de ese encuentro, podemos suponer que no intentó tener una relación de amistad con él.

En muchos otros casos, estamos llamados no sólo a perdonar a la persona que nos ofendió, sino también a reconciliarnos con ella. Esto sería aplicable, por ejemplo, en el caso de las relaciones familiares. En una parroquia es también deseable que todos los que participan en la Eucaristía tengan buenas relaciones entre sí. En el Evangelio, Jesús pronuncia estas exigentes palabras:

"Por eso, si tú estás para presentar tu ofrenda en el altar, y te acuerdas de que tu hermano tiene algo contra ti, deja allí mismo tu ofrenda ante el altar, y vete antes a hacer las paces con tu hermano; después vuelve y presenta tu ofrenda".

MATEO 5:23-24

Ahora bien, alguien en su familia o del círculo de la parroquia pudo haberle ofendido profundamente y no tener ninguna intención de reanudar la relación con usted. En este caso, todo lo que podemos hacer es perdonar a quien nos ofendió y cuando nos encontremos con él, tratar de imitar a Cristo en su comportamiento.

¿Cómo usar la imaginación para preparar una reunión de reconciliación?

Suponiendo el deseo de reconciliarnos con nuestro agresor y suponiendo que él también desea reconciliarse con nosotros, podemos servirnos de nuestra imaginación.

La imaginación es una maravillosa facultad que Dios nos ha dado. Nos puede ser de gran ayuda en nuestra relación con Él. San Ignacio, fundador de los jesuitas, instó a sus seguidores a usar la imaginación al leer los relatos del Evangelio. Decía: "Mírate a ti mismo en la historia, sé parte de la multitud, sé tal o cual personaje".

Desafortunadamente, con mucha frecuencia utilizamos

la imaginación en nuestra contra en lugar de en nuestro favor. A veces dejamos que nos arrastre a donde ella quiere. Cuando nos ofenden, le permitimos hacernos un mal servicio como, por ejemplo, exagerar el daño. Especialmente cuando atribuimos todo tipo de malicia y turbias motivaciones a quien nos hirió, hacemos que él o ella se convierta en una especie de monstruo. Debido a que estamos moral y espiritualmente dormidos, devolvemos daño por daño.

La siguiente es una sugerencia sobre cómo utilizar nuestra imaginación para olvidar una ofensa. Una vez decididos a participar en el "ejercicio", hay que adaptarlo a nuestras circunstancias y temperamento, recordando que algunos somos más emotivos y expresivos, mientras que otros menos.

Imagine a Jesús hablando en la iglesia con la persona que usted quiere perdonar. Entra por la puerta delantera y los ve conversando. Usted espera. Cuando esté listo, camina por el pasillo hacia ellos. Ambos dejan de hablar y comienzan a girarse hacia usted. Cuando llega, dice: "Hola". Entonces se dirige a quien quiere perdonar y con quien desea reconciliarse: "N., he estado pidiendo a Dios que me ayude a perdonarte por el daño que me hiciste. Creo que ahora estoy dispuesto a hacerlo. Además, quiero pedirte que me perdones por los pensamientos y sentimientos tan negativos que tuve para contigo el día que me ofendiste".

Ahora, tal vez, desee estrechar su mano o darle un abrazo (también puede estrechar la mano de Jesús o abrazarlo, dándole las gracias por haberle ayudado a dar este paso). Puede hacerlo incluso sabiendo que la otra persona no desea reconciliarse con usted.

En la escena anterior, simplemente estamos tratando de recrear un escenario de perdón y reconciliación: una reunión imaginativa que nos ayuda a perdonar y olvidar el daño recibido.

Si nunca hemos hecho oración imaginativa, podríamos pensar que no es para nosotros. Ahora bien, no tome una decisión sin haberlo intentado al menos un par de veces. Muchos de nosotros podemos dar testimonio de los efectos positivos de este ejercicio en el proceso del perdón y reconciliación. Si no podemos perdonar o reconciliarnos con alguien en nuestra imaginación, tampoco lo lograremos en la realidad. Este ejercicio puede prepararnos para un encuentro real, en el supuesto de que lo deseemos. En cualquier caso, usar nuestra imaginación de esta manera nos será muy útil.

Uso de una carta para iniciar una reunión de reconciliación

La decisión de dar un paso para reconciliarnos con alguien que nos ha dañado o a quien hemos dañado, tiene algunos riesgos. En primer lugar, la otra persona puede rechazar la oferta de encontrarnos con ella. En segundo lugar, si la reunión tiene lugar, existe el riesgo de que acabe mal y simplemente echemos más leña al fuego. Sin embargo, la vida está llena de riesgos. En cualquier momento corremos el riesgo de que nuestro interés por reconciliarnos sea rechazado. En el fondo, se trata de un profundo modo de identificarnos con Cristo, quien vino para reconciliarnos con el Padre.

Una manera simple y eficaz para iniciar la reconciliación,

es a través de una carta de reconciliación bien escrita. Por medio de ella, podemos expresar el dolor que sentimos de nuestra parte al ver la relación deteriorada. También podemos crear un fértil terreno para que la reconciliación tenga lugar. Sobra decir que, si se escribe en un tono crítico, con certeza fracasaremos y lo único que conseguiremos será crear una brecha aún mayor entre nosotros y la otra persona. Una carta de reconciliación puede ser tan simple como esto:

Estimado _____,

He estado reflexionando y orando acerca de los hechos que causaron el distanciamiento entre nosotros. Me siento mal por ello. Yo también estoy apenado por mis palabras y acciones, que de alguna forma contribuyeron a esta ruptura y dolor. Si estás interesado en que nos reunamos para hablar de ello, con mucho gusto yo también estaría dispuesto.

Como puede ver, esta carta es muy conciliadora en su tono y hace todo lo posible por crear una atmósfera apta para la reconciliación.

Lo positivo sobre el uso de una carta, es que nos permite decir lo que tenemos que decir, sin ponernos nerviosos. Además, se da oportunidad a la otra persona de responder a nuestra invitación. Es muy probable que nuestra carta de reconciliación suscite, en la otra persona, un deseo de encontrarse y reconciliarse con nosotros.

Hablar o no hablar de la ofensa

Si ambas partes aceptan encontrarse, será necesario analizar si conviene o no, hablar de la ofensa. Es probable que ambos tengan necesidad de hablar sobre lo sucedido o tal vez no. Quizá una de las partes necesita hablar de ello y la otra no puede. Si ambas partes están realmente dispuestas a olvidar el pasado, entonces no es necesario volver sobre el tema. Por otro lado, una conversación franca y abierta puede ser muy útil. Se pueden aclarar las falsas percepciones y los malentendidos, llevando a una nueva y mejor relación.

Si la conversación versa sobre alguna ofensa o punto conflictivo, ambas partes tendrán que ser suficientemente maduras y hábiles para:

- Escuchar al otro de una manera no defensiva.

- Admitir los propios errores y pedir perdón. Toda auténtica petición de perdón será insuficiente si no va acompañada de un cambio del corazón, tanto en el que perdona como en el perdonado. En otras palabras, el cambio de actitudes será un poco costoso, si es que se desea un efecto duradero.

- Mantenerse en el propio terreno si parece lo correcto. Esto es especialmente importante si nuestra tendencia es a huir o a evadir nuestra responsabilidad en lo sucedido.

Si decidimos mantener una conversación, lo ideal sería preparar nuestra mente y corazón con la oración. Hemos de pedir al Espíritu Santo que ayude a ambas partes a escuchar, a admitir los propios errores, a defender su postura cuando parezca necesario.

Si el encuentro de reconciliación tiene éxito, dé gracias al Señor; si no, busque su ayuda para saber qué debe hacer.

Quizás haga falta más tiempo para suavizar los sentimientos encontrados. Tal vez una tercera persona o un consejero pueda ser útil para ayudar al desarrollo de la reunión.

Profundizando en el perdón y la reconciliación

Dos personas casadas se prometen amar y cuidar uno al otro hasta que la muerte los separe. Esa primera decisión de amar, necesita ser renovada una y otra vez por un sinnúmero de nuevas decisiones de amar. De lo contrario, la decisión primera disminuirá gradualmente y dejará de expresarse en obras. Lo mismo podemos decir del acto inicial de perdón y reconciliación: tendrá que ser ratificado por otros actos de amor. Evidentemente, esto no podrá suceder si sólo se ha llevado a cabo el perdón y no la reconciliación.

Un gran peligro en el proceso del perdón y la reconciliación, es hacer todo lo requerido pero sólo externa y superficialmente. Internamente, en cambio, seguimos deseando aparecer como buenos. A nuestros propios ojos y a los de quien nos ofendió, queremos aparecer como arrepentidos diciendo las palabras correctas: "Lo siento, perdóname". "Te perdono". Sin embargo, podemos seguir albergando resentimientos y rencores en nuestro interior. Decimos que lo sentimos o pedimos que se nos perdone, pero en el fondo ni lo sentimos ni queremos pedir perdón. Debido a esto, tarde o temprano, los resentimientos aflorarán en nuestras palabras y comportamiento.

Sería mucho más honesto que fuéramos abiertos y dijéramos: "Te perdono, pero todavía tengo que superar muchos sentimientos negativos. Será necesario que tengas paciencia conmigo". Al decir esto, evitamos mandar un mensaje que pueda ser causa de conflictos más tarde: decir una cosa con la boca y otra con nuestras acciones.

Nuestro perdón y reconciliación sólo serán auténticos si van acompañados de actos de verdadero amor. Por supuesto, la naturaleza misma de la relación nos indicará cuánto seguimiento deberemos darle a la solución del conflicto. Si teníamos poca o ninguna relación con la otra persona antes del conflicto, muy probablemente no tengamos que seguir con los actos de amor. En estos casos, todo lo que necesitamos hacer, es comprobar que nuestro corazón sigue estando libre de amargura y resentimiento.

A esta altura del proceso, nuestra oración consistirá principalmente en pedir a Dios que conserve y haga más profundo el perdón y la reconciliación que nos ha concedido. Satanás se esforzará, sobre todo, en dividir y destruir. No se rinde fácilmente. Incluso después de la reconciliación, tratará de infiltrar en nuestro corazón viejos y nuevos rencores. Por lo tanto, debemos orar así:

"Señor, te doy gracias por la reconciliación que ha tenido lugar entre N. y yo. Tú sabes que nuestros corazones son frágiles y vulnerables. Por favor, protege nuestros corazones de sentimientos negativos, de palabras y acciones que nos impidan mantener nuestra reconciliación intacta".

Capítulo siete

Perdonar a una
persona ya fallecida

Cuando muere un ser querido, muchas personas tienen que hacer frente a lo que llamamos "asuntos pendientes". Si la muerte fue repentina, probablemente no hubo oportunidad de decir adiós. Quienes se quedan, pueden sentirse culpables por no haber obligado a sus seres queridos a acudir a un médico; por no haberlos cuidado suficientemente o por algunos conflictos que nunca fueron afrontados, perdonados y reconciliados.

Por otro lado, quienes se dedican al ministerio de los enfermos, comentan que algunas veces los familiares o seres cercanos se sienten molestos con quienes murieron, por no cuidar de su salud de forma adecuada; por mantenerlos en una relación de dependencia; por no revelarles a tiempo determinados problemas financieros o por limitarles su vida social a uno o dos amigos. Los familiares tienen dificultades al permitir que estos sentimientos negativos afloren en su alma. Pueden sentirse culpables por tener esos sentimientos y no saber qué hacer con ellos. Muchos piensan que ya no pueden hacer nada, pues su ser querido ha fallecido. La buena noticia es que se puede hacer mucho. Esos asuntos pendientes pueden ser procesados, perdonados y reconciliados. Como cristianos, nosotros creemos en la vida después de la muerte. El Prefacio de la misa de exequias dice:

"Porque la vida de los que en ti creemos, Señor, no termina, se transforma; y, al deshacerse nuestra morada terrenal, adquirimos una mansión eterna en el cielo".

En realidad, aún podemos comunicarnos con los que partieron antes de nosotros y tener la confianza de que son conscientes de lo que les decimos.

Ejercicio 1:
Escribir una carta de despedida

El propósito de esta carta es ayudarnos a hacer frente a cualquier sentimiento de culpa o cuenta pendiente que podamos tener con nuestro ser querido ahora fallecido. Además, si nunca tuvimos la oportunidad de decir adiós, esta carta también puede ser útil para ello. Antes de escribir, recuerde que su ser querido ahora se encuentra en un nuevo estado, su ser ha sido transformado. Ahora cuenta con una mayor capacidad de dar y recibir amor, de perdonar y de ser perdonado. Si la persona estuviera aquí en la tierra, podríamos preguntarnos con razón, cómo iría a reaccionar y cuál sería su respuesta. Pero ahora podemos tener la certeza de que nuestra carta será recibida con apertura y que la respuesta vendrá de alguien que ha sido totalmente transformado.

Al escribir, debemos abrirle nuestro corazón, expresando todos los sentimientos y emociones que experimentamos. Hemos de decir todas esas cosas tiernas que hubiéramos querido decir, pero nunca dijimos. Si nos sentimos culpables de algo, debemos buscar el perdón y creer que lo estamos recibiendo. Si nos sentimos raros al escribir una carta de este tipo, debemos saber que es un sentimiento normal. Pero no debemos permitir que esos sentimientos nos impidan hacer algo que muchas personas han encontrado útil y con un gran poder curativo. Muy probablemente habrá que respetar el proceso del duelo para poder escribir la carta. No hay problema en ello. Recuerde tomarse su tiempo y ser paciente. Pero recuerde también que no hay progreso si no nos exigimos a nosotros mismos dar los pasos que tenemos que dar, aunque sea costoso para nuestra sensibilidad.

La segunda parte de este ejercicio consiste en imaginar la respuesta que nuestro ser querido podría escribirnos. Debemos pedir al Espíritu Santo que nos ayude a escribir una carta recordando, una vez más, que nuestro ser querido se encuentra ahora en una nuevo estado. Nosotros nunca vamos a comprender completamente su nuevo estado, sino hasta que entremos en la eternidad. Por ello sabemos que la carta de respuesta estará llena de ternura, amor y comprensión.

Finalmente, cuando hayamos terminado de escribir la carta, podemos imaginar que estamos en la presencia de Jesús y de nuestro ser querido. Entonces diga lo que tenga que decir. Abrace a Jesús. Luego abrace a su ser querido y déjelo ir con Jesús. Obviamente, este escenario puede tener una fuerte carga emocional y es posible que nos tome una buena cantidad de tiempo poder afrontarlo; pero con la concentración adecuada de nuestra parte, podremos hacerlo.

Ejercicio 2:
Carta sobre el dolor y el resentimiento

Este ejercicio tiene como objetivo ayudarle a hacer frente a la ira y el dolor que puede sentir hacia un ser querido que ha muerto. La carta describe las heridas sufridas por la persona que aún vive. El primer paso consiste en permitir sentirnos heridos y enojados. Recuerde que los sentimientos no son ni buenos ni malos. Es muy importante para nuestro bienestar emocional, expresarlos de forma adecuada. Por ello, debemos escribir la carta diciendo exactamente cómo nos sentimos, resistiendo a la tentación de reducir al mínimo nuestro dolor. Podríamos empezar de la siguiente manera, adaptando la carta a nuestra situación:

Estimado N:
Recientemente, me he dado cuenta de lo enojado y resentido que estoy debido a algunas cosas que sucedieron entre nosotros mientras estabas vivo; algunas de las cosas que dijiste e hiciste...

A continuación, puede dedicar tiempo a describir exactamente cómo se siente y enumerar las cosas que le hirieron e

hicieron enojar. Por ejemplo, es posible que le hayan oculta-
do algunas deudas; que haya estado muy limitado en su vida
social porque su pareja fallecida era muy reservado o porque
no le gustaba viajar. Puede expresar la ira que siente porque
lo tuvieron controlado y la ira que puede sentir para consigo
mismo por haberlo permitido. Es importante que nosotros
también reconozcamos aquello en lo que podamos haber
contribuido a hacer nuestra situación tan desgraciada, sobre
todo al someternos constantemente a todos los caprichos y
deseos de nuestro esposo o esposa.

Realizar este ejercicio puede ser difícil por dos razones:
en primer lugar, podemos sentir que estamos siendo desleales
al pensar y escribir cosas negativas acerca de nuestros seres
queridos ya fallecidos. En segundo lugar, podemos tener
poca o ninguna experiencia sobre cómo manejar nuestra ira.
Sólo con los años podemos aprender a manejar nuestros sentimientos de ira y dolor, teniéndolos bajo control. Podemos
incluso pensar que escribir una carta negativa sobre alguien
podría ser pecaminoso. La verdad es que escribir una carta
así, será un ejercicio muy útil y saludable. Una vez más, debemos recordar que el crecimiento implica siempre ir más allá
de nuestra zona de confort.

El siguiente paso dependerá de si queremos perdonar o
no, las ofensas y daños que nos han sido causados. Si no lo
queremos, al menos estaremos abiertos a recorrer los pasos
antes sugeridos. Si estamos dispuestos a perdonar a nuestro
ser querido, entonces lo escribiremos en la carta.

Es posible que desee tomarse un tiempo para imaginar
cómo le respondería su ser querido. Si usted decide dar este

paso, recuerde que él es ahora una persona nueva y transformada. Él o ella tendrá una capacidad mucho mayor de dar amor y ternura de la que tenía mientras estaba aquí en la tierra. Pida al Espíritu Santo que lo ilumine para escribir, como respuesta, el tipo de carta que su ser querido le escribiría a usted. Para ayudarle a empezar, imagine la carta que escribiría usted, si fuera la persona fallecida y ahora totalmente transformada.

Por último, podemos ponernos en la presencia de Jesús y de nuestro ser querido. Decir lo que haya que decir. Abrazar a Jesús. Abrazar al ser querido y dejarlo ir hacia el Señor.

Si hay mucho dolor dentro de nosotros, lo más probable es que necesitemos la ayuda de un consejero para superarlo. Por otra parte, conviene investigar si su parroquia o algún centro de cuidados paliativos tiene grupos de apoyo para las personas que han perdido un ser querido. Muchas personas encuentran en esos grupos una excelente ayuda para curar sus heridas.

Capítulo ocho

Perdonar a Dios

Algunas personas se sorprenden e incluso se escandalizan, cuando oyen hablar de nuestra posible necesidad de perdonar a Dios. Dicen: "¿Cómo podría darse el caso de tener que perdonar a Dios? Después de todo, Él y sus caminos son perfectos". Si bien es cierto que Dios y sus caminos son perfectos, también es cierto que sus caminos, en ocasiones, pueden herirnos profundamente y hacer que nos alejemos de Él. Cuando oramos por un niño enfermo para que sea curado y no somos escuchados, consciente o inconscientemente, podemos alejarnos de Dios. Lo mismo puede suceder cuando oramos para que un matrimonio se conserve o un cónyuge cambie su forma de ser tan difícil. Pedimos protección contra un huracán y todo lo que tenemos es destruido. Nos preguntamos por qué Dios, que es bueno y todopoderoso, permite que le sucedan cosas terribles a la gente buena. Tener que lidiar con una oración no escuchada y la destrucción en nuestras vidas o en las vidas de nuestros seres queridos, puede ser muy difícil, incluso para personas con una fe profunda.

¿Cómo reaccionar?

Cuando sentimos que Dios no responde a nuestras oraciones o cuando experimentamos las cosas malas que nos sucedieron o sucedieron a otras personas, lo peor que podemos hacer es romper nuestra relación con Dios y distanciarnos de Él. Al hacer esto, damos una victoria a Satanás. El plan del demonio es utilizar siempre las cosas malas de la vida para debilitar o destruir nuestra relación con Dios. Por desgracia, esto sucede con demasiada frecuencia. Estoy seguro de que todos podemos entender por qué algunas personas que sufren o han sufrido duras pruebas, podrían concluir que Dios no se preocupa por ellos. Después de todo, es Él quien tiene todo bajo su poder, ¿por qué no intervino?

Cuando nos suceden cosas malas o a nuestros seres queridos, lo mejor que podemos hacer para conservar nuestra relación con Él es decirle exactamente cómo nos sentimos. Esto es lo que hicieron los salmistas y otras grandes figuras del Antiguo Testamento. Cuando Dios actuaba de una forma que les provocaba sufrimiento, Israel no permanecía en silencio. Los israelitas hacían saber a Dios cómo se sentían exactamente a causa de su acción o de su falta de ella. Los siguientes son algunos ejemplos de personas que comparten con Dios sus verdaderos sentimientos en un tiempo de oscuridad. Podrían haber roto su relación con Dios pronunciando de labios para afuera algunas oraciones aprendidas de memoria. Por el contrario, optaron por conservar su relación con Él y decirle exactamente cómo se sentían. Comencemos con las palabras del Salmo 22:1-2, palabras usadas por Cristo en la cruz, cuando pudo haberse sentido abandonado por Dios en su hora de tinieblas y dolor:

"Dios mío, Dios mío, ¿por qué me abandonaste?
¡Las palabras que lanzo no me salvan!
Mi Dios, de día llamo y no me atiendes,
de noche, mas no encuentro mi reposo"

En el Salmo 44:23-24, escuchamos estas palabras:
"Por tu causa nos matan a cada rato,
y nos vemos como ovejas ante el cuchillo.
Despiértate, ¿por qué duermes, Señor?
¡Levántate y ven a socorrernos!"

Durante su tiempo de oscuridad espiritual, Job pronunció estas palabras:

"Yo vivía tranquilo cuando comenzó a sacudirme,
me tomó del cuello y me hizo pedazos.
Me convirtió en su blanco,
por doquier me apuntan sus flechas;
traspasa mis entrañas sin piedad
y derrama por el suelo mi hiel".

16:12-13

Si sentimos que Dios nos ha abandonado y ha permitido que triunfe el mal, podemos expresar nuestra rabia o decepción de la siguiente manera:

"Dios, estoy muy enojado contigo.
Estoy harto y cansado de la gente que me dice lo
bueno que eres.
Si realmente eres tan bueno, ¿por qué permites que
los desastres naturales maten a miles de personas
y arrojen millones de vidas al caos?
Veo tanta gente mala salirse con la suya,
mientras que muchos de los que están dedicados
a Ti, reciben toda clase de males.
¿Qué clase de Dios eres tú?"

Es muy probable que sólo a muy pocos o, tal vez, a ninguno de nosotros se nos haya enseñado a hablarle a Dios así. Seguramente se nos enseñó que hablarle de una manera tan irrespetuosa era pecado. Posiblemente algunos de nosotros aún pensemos así. Sin embargo, si nos sentimos muy atribulados, debemos sacar fuerza de la debilidad y hacerlo. Dios sabrá cómo reaccionar y cómo manejarlo. También podemos estar seguros de que Dios se sentirá más feliz de escuchar nuestra oración sincera, que aquellas aprendidas de memoria, las cuales no expresan exactamente qué pensamos ni cómo nos sentimos.

Los guías espirituales con frecuencia nos recuerdan una de las razones por la que nuestra relación con Dios puede perder vitalidad. No es otra sino haber dejado de expresar con sinceridad nuestros sentimientos acerca de lo que nos sucede y afecta. Casi siempre nos sentiremos mejor emocional y espiritualmente, cuando digamos con exactitud lo que está pasando en nuestro interior. De lo contrario, sólo se creará una distancia entre Dios y nosotros. Consciente o inconscientemente, los malos sentimientos que tenemos para con Dios y lo que Él permite que nos suceda, irá horadando nuestra alma y nuestra confianza en su amor.

Del mismo modo que implica tiempo superar la ira que sentimos hacia la persona que nos ha herido, también nos puede llevar un tiempo superar nuestro enojo con Dios. Eso está bien y es normal. Pero lo ideal es conservar siempre nuestra relación con Dios, aunque sea con rabia. Si nos parece que no somos capaces de superar nuestra ira, quizás sería conveniente buscar un guía espiritual. También en este momento podríamos orar de la siguiente manera:

"Dios, a pesar de estar tan resentido contigo, no quiero seguir así porque no es bueno para nuestra relación, ni para mi bienestar. Ayúdame, Señor, a superar este momento difícil. Protégeme de las asechanzas del demonio que siempre quiere aprovechar estas situaciones para alejarme de Ti".

Aunque a veces nos podemos sentir muy alejados de Dios y enojados con él, el Señor nos conoce incluso mejor que nosotros mismos y sólo desea nuestro bien. Lo demostró cuando decidió hacerse uno de nosotros y cuando estuvo dispuesto a morir de forma atroz por nuestra salvación. Habiendo dicho esto, soy consciente de que puede resultar muy difícil para algunas personas que han pasado por duras pruebas, mantener intacta su fe. Cuando nos sentimos alejados de Dios, cuando estamos enojados con Él, es cuando más comprometidos estamos con la batalla espiritual (Efesios 6:10-17). El enemigo usa todos los recursos posibles para hacernos creer que Dios no se preocupa por nosotros. Sin embargo, el Espíritu Santo está trabajando constantemente para ayudarnos a descubrir su presencia, incluso en medio de nuestras tribulaciones.

Además, cuando Dios nos parezca distante, lejano, indiferente o incluso cruel, puede sernos de mucha utilidad volver nuestra mente y corazón a Jesús, Dios en carne humana. ¿El Dios al que vemos en Jesús es distante, lejano, indiferente al sufrimiento humano? Incluso una breve mirada a los Evangelios, nos muestra a un Dios profundamente preocupado por los sufrimientos y tribulaciones de las personas. El Dios al que descubrimos en Jesús nunca camina lejos del dolor y el sufrimiento de la gente. Cuando tiene conocimiento de la muerte de Lázaro, llora y se conmueve profundamente (cf. Juan 11:33-35). No se trata de la imagen de un Dios indiferente. Más bien, es la imagen de un Dios que se preocupa profundamente por la gente y su dolor. Como se suele decir, "Jesús no ha venido a quitar el sufrimiento, sino a llenarlo de su presencia". Ciertamente podemos ver la verdad de esta afirmación si nos fijamos en la vida y ministerio de Jesús. Siempre será un gran misterio por qué un Dios bueno y amoroso permite tanto sufrimiento en nuestro mundo. Pero si mantenemos la mirada fija en Jesús, nunca podremos afirmar que a Dios no le importa nuestro dolor y el de otras personas.

También podemos considerar la posibilidad de buscar ayuda en María, nuestra Madre Santísima. Sin duda, ella tuvo también muchas razones para pensar que Dios la había abandonado y no se preocupaba por ella, sobre todo mientras veía a los enemigos de su Hijo haciéndole mal y torturándolo. María siguió creyendo en Dios y su amor por ella, mientras Él permitía todos los sufrimientos que padecía su Hijo inocente. Si usted es católico, puede rezar y meditar los misterios dolorosos del rosario, esto es: la agonía en el huerto, la flagelación del Señor, la coronación de espinas, Jesús con la cruz a cuestas, y su crucifixión y muerte.

Capítulo nueve

Perdonar a instituciones religiosas y civiles

Muchas personas se ven perjudicadas por las instituciones religiosas y civiles. Desgraciadamente, algunos
católicos han sido tratados mal e incluso cruelmente por sa-
cerdotes y religiosos durante sus años escolares. El informe
sobre los abusos sexuales es uno de los peores capítulos en la
historia de la Iglesia de los Estados Unidos. Otras personas
resultaron heridas cuando la Iglesia no estuvo a su lado, ni
de sus familias, en momentos de gran necesidad. Algunos,
habiendo trabajado por la Iglesia, pueden haber sido tratados de forma injusta por quienes la dirigen. Otras personas
también han sido gravemente heridas y ofendidas por varias instituciones, tratadas injustamente por patrones sin escrúpulos, despedidas por razones injustas. Muchos han perdido su pensión de jubilación. Algunas personas han sufrido
tanto en manos de las instituciones religiosas y seculares,
que uno se pregunta cómo es que alguna vez podrían llegar
a olvidar el dolor y la injusticia sufridos.

Medios para perdonar lo que parece imperdonable

En su libro "El arte de perdonar" (Ballantine Books, 2006), Lewis B. Smedes escribe: "Recuerde que el perdón es algo que se inventó precisamente como un remedio para sanar las heridas que nos provocan las grandes ofensas". Smedes nos recuerda que el perdón, es la medicina que Dios nos ofrece para curar las heridas y cicatrices que dejan en nosotros los daños terribles y las ofensas. Como dijimos anteriormente, renunciar a perdonar es elegir que nuestro agresor siga hiriéndonos y teniendo un gran poder sobre nuestra vida emocional y espiritual. Así que, emprendamos el camino del perdón, porque nos preocupa seriamente nuestro bienestar emocional y espiritual; porque no queremos que nuestro agresor nos siga hiriendo y, por supuesto, porque Jesús nos invita a perdonar incluso a aquellos que nos han herido profundamente.

Mientras se esfuerza por perdonar a los representantes de instituciones religiosas y civiles, no pierda de vista que su enojo con las personas que le hicieron mal, fue totalmente justificado. Incluso, es normal que siga enojado después de haber decidido perdonar al agresor. Pero no es apropiado ni justo odiar a nuestro ofensor. Lewis Smedes prosigue:

El enemigo del perdón no es la ira, sino el odio. La ira está dirigida a lo que las personas hacen; el odio, a las personas. La ira evita que le vuelvan a suceder cosas malas; el odio quiere que le sucedan cosas malas a nuestro agresor. La ira es una fuerza positiva que nos anima a la justicia; el odio, por el contrario, es la fuerza negativa que nos empuja a la venganza. La ira es un buen aliado del amor; el odio no le hace ningún bien a nadie. Así que, si usted se enoja cuando recuerda lo que él o ella le hicieron, eso no significa que usted no haya perdonado. Sólo significa que usted se enoja cuando la gente le hace algún daño.

Cada uno de nosotros debe decidir qué medidas le ayudarán en su proceso para perdonar. Personalmente, lo que más me ayuda es pensar que mi ofensor no es ningún monstruo –incluso si él o ella hicieron un mal monstruoso–, sino que mi agresor está espiritualmente dormido. Nuestro agresor podría ser una persona con mucha formación o una persona religiosa, un director general, un obispo o alguien que creemos que debía haberse comportado mejor. Pero la verdad es que incluso personas con gran formación, personas religiosas, entre ellas el clero, pueden estar también dormidas espiritualmente. Si él o ella hubieran estado despiertos, no habrían hecho lo que hicieron.

Pasos sugeridos

- Exprese sus sentimientos negativos provocados por la ofensa. Quizá puede escribir una carta a la persona que le ofendió y que actuó injustamente contra usted. Deberá decidir también si desea o no enviar la carta. Puede resultar útil.

- Lleve su dolor y la injusticia a la oración. Si su dolor tiene que ver con la Iglesia, puede decir algo como esto: "Jesús,

¡estoy tan enojado con tu Iglesia y sobre todo con NN! (nombres de los miembros de la Iglesia que lo hirieron). Déjame decirte cuán pobremente estas personas te representaron cuando los traté (usted o algún miembro de su familia)". Si la ofensa fue una forma de abuso emocional, físico, sexual o espiritual, es probable que necesite de una persona capacitada especialmente para afrontar ese tipo de sufrimientos.

• Una vez que se ha tomado todo el tiempo necesario para dar expresión a sus sentimientos y los ha llevado a la oración, el siguiente paso podría ser visitar a un sacerdote y compartir con él su dolor. Si usted decide dar este paso, asegúrese de elegir un sacerdote que pueda comprender su dolor. Lo último que usted necesita es un sacerdote que se ponga a la defensiva y que no pueda o no quiera comprender su dolor para pedir una disculpa en nombre de la Iglesia. Durante mis años como sacerdote, el Señor se ha servido muchas veces de mí para ayudar a las personas a afrontar una ofensa o una herida causada por algún miembro del clero. Por ello, una sesión con un sacerdote puede ser particularmente útil.

A medida que lucha por superar el dolor y la injusticia, puede elevar a Jesús la siguiente oración:

"Jesús, yo sé que Tú también sufriste mucho
en manos de las autoridades religiosas y civiles.
Fuiste rechazado, tergiversaron tus palabras;
con frecuencia te trataron mal.

Sin embargo, de alguna manera los perdonaste.

Tú conoces cuánto me cuesta olvidar la ofensa que recibí de la Iglesia.

Pero, a pesar de sus muchas debilidades y tropiezos en el momento de cuidar de nosotros, tu pueblo, Ella sigue siendo el imperfecto instrumento que has elegido para continuar tu obra aquí en la tierra.

Ayúdame a superar el resentimiento que siento hacia la Iglesia, hacia NN (nombre o nombres de la personas que le hicieron daño).

Quiero hacer esto porque Tú nos pides, una y otra vez en tu Evangelio, que perdonemos".

Si la ofensa contra la que está luchando proviene de una institución civil, será necesario adaptar la oración anterior. De hecho, es probable que encuentre más útiles las suge- rencias para la oración que se encuentran en las páginas 30-39. Además, es posible que deba leer de nuevo lo dicho anteriormente sobre los obstáculos que pueden dificultar el perdón de un daño o injusticia (páginas 23-27).

Por último, recuerde que, aunque siempre debemos perdonar las ofensas, no se nos pide quedarnos pasivos ante el mal. El Dr. Martin Luther King, Jr., perdonó a los que físicamente lo habían asaltado a él y a su familia, pero no por ello dejó de hablar en contra de la injusticia racial. Si sucede algo malo en la Iglesia, debe decirlo sin miedo a las autoridades correspondientes.

Capítulo diez

Perdonarse a sí mismo

En el proceso del perdón, muchas personas descubren que perdonarse a uno mismo puede ser algo muy difícil. A continuación encontrará algunos ejemplos de las ocasiones en que la gente puede toparse con una especial dificultad para perdonarse a sí misma:

- El homicidio. El asesinato puede ser intencional, como cuando alguien es enviado a la guerra o cuando participa de algún modo en un aborto. Otros casos pueden ser un accidente automovilístico o con un arma de fuego.

- Dificultades de los padres de familia. Sentirse culpable por haber descuidado a los hijos por causa del trabajo, la mala salud o la preocupación desmedida por sí mismo. Abuso físico, emocional o sexual de niños, perpetrado por sí mismo o por el cónyuge.

- Cuestiones matrimoniales. Infidelidad u otros comportamientos que implican falta de amor hacia el cónyuge.

- Cuestiones laborales. Trato poco respetuoso hacia un empelado o compañero de trabajo.

- Mentiras y medias verdades que hicieron un grave daño al buen nombre del prójimo.

- Omisión y temor a hablar en una situación particular. Por ejemplo, cuando un compañero de trabajo estaba siendo tratado de manera muy injusta.

- A veces nuestra culpa nace de un espíritu perfeccionista que nos reprocha el no ser la hija o el hijo perfecto, el cónyuge, el padre, el amigo o miembro de la iglesia perfecto. Algunos ejemplos:

- Cuando los hijos adultos no practican su fe o cuando se unen a otra iglesia. Cuando adoptan un estilo de vida y sistema de valores muy diverso del que se les inculcó. Los padres a menudo se culpan a sí mismos, a pesar de que se esforzaron sinceramente por dar un buen ejemplo y educación a sus hijos.

- Los hijos adultos a menudo se sienten culpables por haber llevado a su papá o mamá a un asilo de ancianos, incluso cuando era evidente que no los podían cuidar.

- Por no haber cuidado mejor a un ser querido enfermo.

Pasos hacia el auto-perdón.

- Si claramente hemos tenido un comportamiento inmoral y poco cristiano, el primer paso es pedir la gracia de la verdadera contrición. Cuando uno recibe esa gracia, entonces debe acercarse a la confesión, (obviamente si pertenece a una iglesia que posee dicho sacramento). Escuchar a un sacerdote pronunciar las palabras de absolución, puede sernos de suma utilidad cuando tenemos dificultad para perdonarnos a nosotros mismos por nuestras faltas y deficiencias. Si no tenemos una verdadera contrición por el mal que cometimos, no habrá nada que podamos hacer para perdonarnos a nosotros mismos. Además, si nuestro pecado consistió en el robo de dinero u otros bienes, tenemos el deber de la restitución. Si eso no es posible, debemos dar un generoso donativo de caridad.

- Cuando sea posible, también debemos pedir perdón a la persona o personas que hayamos perjudicado con nuestro pecado o mal comportamiento. Por supuesto, la persona perjudicada puede o no estar dispuesta a perdonarnos. Por lo general, el perdón de la víctima nos ayudará a perdonarnos a nosotros mismos, aunque no siempre sucede así. Cuando la persona a la que ofendimos no está dispuesta a perdonarnos, probablemente también nos será más difícil perdonarnos a nosotros mismos.

Tres preguntas

Pregunta 1: ¿Qué sucede si no podemos perdonarnos a nosotros mismos, a pesar de que Dios y la víctima ya nos han perdonado?

Este es, en ocasiones, el caso de una esposa, la cual sabía que su marido abusaba de los hijos y nunca hizo nada para detenerlo. Con frecuencia, esas personas necesitan de ayuda especial y la terapia de la oración. Esos medios le ayudarán a interiorizar y percibir el perdón que ya ha recibido. Además, tenemos que preguntarnos ¿quiénes somos nosotros para no perdonarnos si sabemos que Dios y aquél a quien ofendimos ya nos han perdonado? La falta de misericordia para con nosotros mismos, cuando estamos verdaderamente arrepentidos del mal cometido, es una forma de "auto-odio", muy dañina para nuestro crecimiento personal y espiritual.

Pregunta 2: ¿Qué sucede si estamos verdaderamente arrepentidos por lo que hicimos, pero nos cuesta creer que Dios ya nos ha perdonado?

Puede ayudarnos el dedicar un tiempo a leer algunos textos de la Escritura que hablan de la misericordia de Dios. Por ejemplo:

- El Salmo 51 es un acto de contrición atribuido al rey David. Es la oración que rezó después de haberse arrepentido de su pecado de adulterio y de haber mandado asesinar a Urías, el esposo de su amante.

- El Evangelio de Lucas a veces es llamado "el Evangelio de

la misericordia", porque tiene varios pasajes que hablan de Dios misericordioso. Por ejemplo:

- Lucas 7:36-48: Jesús muestra su misericordia a la mujer arrepentida.

- Lucas 15: Este capítulo contiene tres parábolas sobre la misericordia de Dios. Cuando los fariseos acusaron a Jesús de ser demasiado complaciente con el pecado, narró tres parábolas para ayudarles a comprender por qué acogía a los pecadores y comía con ellos. Es un buen ejercicio el imaginarnos a nosotros mismos como si fuéramos el hijo pródigo que recibe el abrazo del Padre (Lc 15:20)

- Lucas 23:34: Jesús perdona a quienes lo hacen sufrir atrozmente y le quitan la vida.

- Lucas 23:39-43: Jesús perdona y promete el paraíso al así llamado "buen ladrón".

Reflexionar durante la oración en los textos anteriores, será de grandísima utilidad para aceptar y creer en la misericordia de Dios, incluso en el caso de grandes delitos y ofensas.

Pregunta 3: ¿Qué sucede si estamos verdaderamente arrepentidos y creemos que Dios ya nos ha perdonado, pero la persona a la que ofendimos no quiere ni hablar con nosotros, ni mucho menos perdonarnos?

Si estamos verdaderamente arrepentidos por el mal cometido y ya hemos pedido perdón a Dios, podemos estar seguros de que Él ya nos ha perdonado. Incluso si la persona a la que ofendimos no quiere perdonarnos. El sincero arrepentimiento por nuestros pecados y la misericordia de Dios es lo que Lewis Smedes llama la "licencia" para perdonarnos a nosotros mismos. Es comprensible que la persona a la que ofendimos encuentre difícil perdonarnos, sin embargo, no por ello debemos permanecer esclavizados a ella y su perdón. Dios no quiere eso para nosotros. Muy probablemente el buen ladrón no fue perdonado por sus víctimas; pero el Señor lo perdonó y eso hizo toda la diferencia.

Superar el espíritu perfeccionista

A veces, un gran obstáculo para perdonarnos a nosotros mismos, es un acentuado espíritu perfeccionista. La presencia de dicho espíritu nos hace difícil percibir el amor y la misericordia de Dios. Constantemente escuchamos en nuestro interior una voz que nos reprocha el no ser perfectos. Nos presenta un ideal o meta inalcanzable. Su pasaje favorito de la Escritura es, por supuesto, el versículo en que Cristo nos dice: "Sean ustedes perfectos como es perfecto el Padre de ustedes que está en el Cielo." (Mt 5:48), un pasaje que algunos estudiosos traducen como "sed todo como nuestro Padre celestial es todo".

Los psicólogos afirman que la raíz de este perfeccionismo es haber recibido una educación estricta, en la que se nos entregó una larga lista de lo que las niñas y los niños buenos debían ser. Por ejemplo: "nunca debes enojarte"; "los hombres nunca lloran"; "no debes tener pensamientos impuros" o "siempre debes sacar diez en la escuela". Por lo general, el amor de Dios y su misericordia se subrayaban poco. En vez de ello, se hablaba mucho del juicio divino y de los castigos que esperaban a aquellos que –obviamente, desde una concepción severa– fallaban en cumplir sus mandamientos.

Con frecuencia, la "lista de deberes" fue interiorizada y se quedó como "sello paterno" en nuestra psique. Nuestros padres nos dijeron lo que era bueno y lo que era malo. Tuvieron un enorme influjo en nuestras vidas. Si nuestra educación moral fue muy rígida y estricta, pudimos haber desarrollado una conciencia escrupulosa. Como consecuencia, frecuentemente teníamos la sensación de estar pecando y de que Dios era ante todo un Dios justiciero, en vez de amoroso. Si bien es cierto que nadie nos dijo explícitamente que debíamos ser perfectos para poder merecer el amor de Dios, es posible que nosotros hayamos llegado por error a esa triste conclusión, una conclusión que nos hará muy difícil perdonarnos a nosotros mismos y creer en el amor y la misericordia de Dios.

Todos aquellos que, siendo niños, tuvieron la desgracia de recibir una gran cantidad de "debes...", tanto de sus papás como de otros que de alguna forma ejercían una autoridad sobre ellos, fueron predispuestos a no disfrutar mucho de la vida. Podemos ver, a partir de lo dicho anteriormente, cuán importante es aprender a controlar y encauzar nuestra tendencia al perfeccionismo.

Tres sugerencias

- Dedique algún tiempo para leer los pasajes de las Escrituras que hablan del amor de Dios y de su misericordia. Ya hemos mencionado varios. Los siguientes son algunos de ellos: Isaías 43:4, Oseas 11:1-5, Juan 15:9, 1 Juan 4:8-10 y Romanos 5:5, 8:31-39. Poco a poco, la lectura y meditación de estos fragmentos deberá ayudarnos a escuchar la voz de Dios que nos dice: "Te amo y eres algo muy precioso a mis ojos. Te amo incluso cuando haces el mal. No hay nada que puedas hacer para que te ame menos". Interiorizar estas buenas noticias puede llevar tiempo, especialmente si por años sólo hemos pensando en cuán indignos somos del amor y misericordia de Dios.

- Debe ser consciente de la presencia de esa voz interior que algunas veces es llamada "crítico interior". Debe aprender a no hacerle caso, con serenidad, pero también con firmeza. Muchos de nosotros no somos conscientes de la presencia de ese crítico interior que insiste en decirnos constantemente que no estamos dando la talla. A medida que vayamos tomando conciencia de su presencia, nos será más fácil evitar su influjo en nosotros y tratarlo como si fuera una instancia externa. Para lograr hacer frente de forma efectiva a una persona que quiere dominarnos, debemos aprender a afirmarnos. De lo contrario, vamos a sentirnos amenazados, intimidados y casi pisoteados. El mismo principio se aplica cuando se trata de hacer frente a una voz interior dominante. Podemos decir algo así como: "Sí, he hecho mal. Pero ahora estoy muy arrepentido por mis malas decisiones. Yo creo que Dios me ha perdonado y eso me permite perdonarme a mí mismo. Puedo estar tranquilo y olvidarme de este asunto". Decir estas palabras u otras similares puede parecernos un poco tonto, pero en realidad, vistas con atención, estas palabras no son muy diferentes de las que diríamos a una voz dominante que viniera de fuera y que amenazara con dividir nuestra imagen de nosotros mismos. Decir palabras como las anteriores, con autoridad, nos ayudará a tomar el control de esas voces interiores que buscan esclavizarnos y que nos impiden aceptar la misericordia de Dios y perdonarnos a nosotros mismos.

• Si seguimos experimentando una gran dificultad en perdonarnos a nosotros mismos o aceptar el perdón de Dios, puede ayudarnos buscar la ayuda de un buen consejero o guía espiritual. Muchos de nosotros necesitamos que otra persona bondadosa nos ayude y afirme, para aceptar la misericordia de Dios y perdonarnos a nosotros mismos. Un buen amigo o un guía experto puede ayudarnos a descubrir dónde nos hemos estancado mientras atravesábamos por el proceso del perdón y ayudarnos a avanzar. Nos ayudará a comprender por qué es legítimo que nos perdonemos a nosotros mismos, incluso del acto más malvado que hayamos podido cometer. Si ellos pueden perdonarnos, seguramente Dios también. Eso nos ayudará a perdonarnos a nosotros mismos por no ser perfectos. Por las Escrituras sabemos que Cristo siempre tiene su misericordia disponible para quien quiera buscarla. Si Jesús espera de nosotros que perdonemos a nuestro prójimo setenta veces siete, es obvio que Él hará lo mismo con nosotros.

Preguntas difíciles

Las siguientes son algunas preguntas difíciles que a menudo surgen cuando se está hablando del perdón.

Primera pregunta: ¿Por qué debemos perdonar a alguien que no tiene el más mínimo remordimiento por el daño que nos ha hecho?

Es evidente que no es fácil perdonar a alguien que no muestra remordimiento por lo que hizo. Si ése es nuestro caso, puede ayudarnos lo siguiente:

- No perdonamos al otro porque se merezca nuestro perdón. Lo perdonamos porque ése es el ejemplo que nuestro Salvador nos ha dado. Él murió por nosotros cuando aún estábamos en nuestro pecado (Romanos 5:7-8). Perdonó a sus verdugos, a pesar de que apenas sentían remordimiento por el atroz crimen cometido. También perdonamos para que el veneno del resentimiento no continúe hiriéndonos emocional y espiritualmente. Nunca debemos olvidar que optar por no perdonar, permite a nuestro agresor seguir hiriéndonos y controlándonos emocional y espiritualmente. "El acto del perdón no depende de que la otra parte asuma la responsabilidad de sus acciones. El perdón sólo exige que nosotros asumamos nuestra propia responsabilidad" (Jean Maalouf). Si optamos por perdonar, recordemos que somos nosotros mismos –y no nuestro agresor– quienes recibimos la mayor parte de los beneficios.

- Cuando optamos por perdonar a alguien que nos ha ofendido y que no está arrepentido por lo que hizo, nos estamos alejando de la corriente negativa que va y viene entre ambas personas. Lewis Smedes escribe: "Esperar a que alguien se arrepienta antes de perdonarlo, equivale a entregar nuestro futuro a la persona que nos ha ofendido". En su libro "Perdonar y olvidar" (Harper & Row, 1984), cita un antiguo documento judío llamado "Los Testamentos de los Doce Patriarcas". El texto dice: "Si alguien peca contra ti... si se arrepiente y confiesa su falta, perdónalo... Pero si no se avergüenza y persiste, incluso en ese caso perdónalo desde el corazón y deja en manos de Dios la venganza".

Segunda pregunta: ¿No habrá algunas cosas que, de hecho, no deberían ser perdonadas, tales como ataques terroristas o una violación?

Sin duda, es muy común y humano pensar que algunas ofensas o injusticias no deberían ser perdonados. Sin embargo, si Jesús no puso límite al perdón, nosotros tampoco podemos ponerlo. Todos estaríamos de acuerdo en que los verdugos de Jesús no deberían ser perdonados. Perdonar ayuda a erradicar de nuestro mundo el odio y el espíritu de venganza.

Tercera pregunta: ¿Qué podemos hacer cuando la ofensa o el daño aún están vigentes? Por ejemplo, cuando un cónyuge o un jefe siguen abusando de nosotros.

Ciertamente, ya es bastante difícil perdonar una herida que ha quedado en el pasado; perdonar una ofensa presente puede parecernos, por lo mismo, algo imposible. Para esta situación más difícil, tenga presente las siguientes ideas:

* Si es posible, lo mejor es alejarse de esa situación. Dudo mucho que Dios quiera que nos quedemos con un cónyuge o un jefe abusivo. Si bien hay situaciones en que esta separación no es posible, (por ejemplo, por razones financieras), hay otras en que dicha separación sólo exige valentía y el apoyo de otros. En algunos casos, la persona que sufre el abuso puede desarrollar una suerte de "adicción" hacia su agresor y, en consecuencia, le resulta difícil dejarlo. Incluso, puede suceder que le parezca imposible imaginar una vida distinta de la que está viviendo actualmente. Como es obvio, esa persona necesitará mucho acompañamiento y apoyo para lograr alejarse de esa situación dañina. Dicho esto, una persona puede, en virtud de su fe cristiana, seguir amando a quien abusa de ella. Mientras que semejante persona podría ser llamada tonta por el mundo y por muchos cristianos, a los ojos de Dios ella puede ser una excelente imitadora de nuestro Señor Jesucristo. No nos toca a nosotros juzgarlo.

* Si decidimos no alejarnos del ambiente en que tienen lugar los abusos o no somos capaces de ello, debemos hacer nuestro mejor esfuerzo por enfrentar al abusador.

Dios no quiere que seamos "tapetes silenciosos" para que nos pisen en una situación de injusticia. Cuando Cristo era juzgado por los judíos, vemos cómo hablaba a sus verdugos. Lo vemos de forma particular cuando trata con Pilatos. Si leemos en el Evangelio de san Juan el diálogo entre Jesús y Pilatos, veremos inmediatamente cómo se trata de una persona que no se queda callada y que no está mínimamente intimidada por Pilatos y su poder físico sobre Él (Juan 18:28-19:12). En nuestra época, tenemos los ejemplos de Mahatma Gandhi y Martin Luther King, Jr., ambos se resistieron ante la injusticia y, sin embargo, se mantuvieron cristianos tanto en la teoría como en la práctica (Mahatma Gandhi, si bien era de religión hindú, respetaba y practicaba el espíritu del Evangelio más que muchos cristianos). Por ejemplo, en ocasiones, cuando una mujer aprende a hacer frente a los abusos de su marido, su situación mejora mucho.

- Resista a los poderes de las tinieblas con la oración. Donde hay un abuso e injusticia, el demonio suele estar muy activo. En Efesios 6:10-17, Pablo nos recuerda que no estamos luchando sólo contra carne y sangre, sino contra "gobernantes y autoridades". Todos los días estamos inmersos en un combate espiritual. Necesitamos saber que el verdadero enemigo es el demonio que trabaja en los corazones de quienes no creen en Dios (y también, por supuesto, en todos nosotros cuando le damos espacio). Una vez conocí a un señor que tenía un jefe muy difícil. Después de tener una conversión espiritual, comenzó la práctica de "reprender al espíritu del mal" que actuaba en su jefe. Algunas veces sus oraciones le dieron resultados muy positivos.

• • Trate de aceptar lo que no se puede cambiar. Durante su vida pública en la tierra, Jesús sufrió mucho. Sufrió principalmente a causa de la verdad que enseñó y practicó. Prometió que sus seguidores también iban a sufrir (Juan 16:2-3). Cuando tenemos que hacer frente a la cruz, encontramos tres posibles respuestas. La primera es huir de la cruz. En una sociedad que se está orientando cada vez más hacia el placer y a la búsqueda de uno mismo, existe una tentación muy fuerte de evitar a toda costa cualquier tipo de dolor. La segunda respuesta es resignarse de tal manera al dolor y al mal que nos rodea, que no hacemos nada por combatirlo o eliminarlo. La tercera opción es hacer todo lo posible para disminuir o eliminar el dolor, el mal y el sufrimiento y tratar de soportar con paciencia lo que no podemos cambiar, viéndolo como parte de la cruz que Cristo nos ha dado. Tal dolor y sufrimiento, unido al sufrimiento de Cristo, tiene un gran poder para transformarnos en la imagen de nuestro Salvador Crucificado.

• Sea amable consigo mismo. Algunas personas, cuando se sienten heridas, son muy severas y críticas consigo mismas. Cuando se está en una situación de abuso, estar luchando contra una dificultad y, al mismo tiempo, ser buen cristiano, puede ser un reto extraordinario. A menudo, en tales situaciones podemos creer que estamos pecando porque tenemos sentimientos de odio y resentimiento. Tenemos que recordar, como ya hemos dicho, que los sentimientos no son ni buenos ni malos, simplemente existen. Los sentimientos sólo entran en el ámbito de la moral cuando se expresan de forma inadecuada. Cuando estamos en una situación que continuamente nos hace daño o hemos pasado por un dolor verdaderamente profundo, es casi imposible no sentir resentimiento y amargura. Por lo tanto, tenemos que ser pacientes y amables con nosotros mismos y con la forma en que sobrellevamos esa dificultad.

Observaciones finales

Cuando hemos sido heridos o tratados injustamente por otros, tenemos tres opciones:

- Negar el dolor y la injusticia y no hacer nada para liberarnos de ella.

- Enfurecernos con nuestro agresor y permanecer así, sin tomar nunca la decisión de trabajar para superar nuestro rencor, hiriéndonos emocional, espiritual y físicamente.

- Optar por cooperar con la gracia de Dios para perdonar esas ofensas, recordando que esta opción no excluye llevar a nuestro agresor ante la justicia en caso de haber cometido alguna grave injusticia contra nosotros.

Elegir una de las dos primeras opciones será destructivo para nuestra salud emocional, espiritual y física.

Optar por superar las ofensas o injusticias que sufrimos en la vida, puede ser una de las empresas espirituales más difíciles que podamos emprender; sin embargo, es un trabajo que nos liberará de nuestra prisión emocional y nos permitirá vivir de una forma más gozosa y plena. Cuando elegimos caminar y colaborar con el Dios de la misericordia, nos hacemos más parecidos a Él. Nos convertimos en embajadores de la reconciliación con Cristo (cf. 2 Corintios 5:17-21). Pidamos a menudo por nuestros hermanos y hermanas que están luchando por perdonar y reconciliarse con sus semejantes.